创 新

进攻者的优势 _{（修订版）}

[美] 理查德·福斯特 (Richard Foster) 著　　孙玉杰 王宇锋 韩丽华 译

INNOVATION
THE ATTACKER'S ADVANTAGE

北京联合出版公司
Beijing United Publishing Co.,Ltd.

献给我的顾问、朋友和儿子：卢西恩（Lucien）和道格（Doug）

创新会过时，但创新规律不会

樊登读书会创始人、博士　樊登

在2016年年底的读书会北京年会上，我们邀请到了一位重量级的管理学大师，就是本书的作者理查德·福斯特教授。我告诉他我最近看的一本书里就引用了他的研究成果，他很开心地回应："那一定是本好书！"好吧，我以后写书也要尽量引用他的成果了，比如本文！

在我们早期的印象里，大型的跨国巨头简直就是国家般的存在，比如美国的通用电气、通用汽车，德国的西门子，日本的索尼，韩国的三星，他们动辄数十万级的员工，全球研发，全球制造，全球销售，新技术、新产品皆出自其手。什么是创新？他们就是创新的代名词！但那仅是印象，按照福斯特先生的研究，1917年《福布斯》杂志创刊时刊登了美国的前100家大公司，70年之后，这100家仅有39家幸存，仍在榜单上的仅有18家。而这18家公司中，现在存活的只有8家，包括通用电气、通用汽车、宝洁、福特、花旗、杜邦、USX等，其他不是消失就是被兼并了。而世界权威金融机构标准普尔500强的企业平均寿命则由20世纪的67年下降到本世纪的15年。而另一家巴布森商学院的研究更是吓人，10年内现有的顶级公司将会有超过40%不复存在。

互联网无疑加速了这股"短命"之风，在中国这种情形大家更不陌生，BAT成立的平均时间仅18年，估值500亿美元左右的小米是7年，滴滴为5年，摩拜成立仅一年多。这些公司无一例外，都是由小公司成长起来的。

福斯特教授认为，大公司就如同巨人歌利亚，小公司就是牧童大卫，而现实中可能更残酷，是一群大卫在攻击歌利亚，比如一群做数码影像的小公司最终打败了该行业的巨无霸柯达公司！而且技术革新加速，互联网的触手可及，政府对创新、创业的支持，更为小公司的涌现和成长提供了便利，"三十年河东三十年河西"这句老话估计也得缩水，可能是十年、五年！

那么这些小公司是如何击败那些巨无霸的？

无疑，企业间的竞争就是一场战斗，那么未来的战斗会是什么特点呢？在过去，规模被认为是企业竞争的主要优势之一，而在当下，所有表现出色的大企业的掌舵人无不表达"如履薄冰"的忧患意识，创新才是企业家们的共识。

请看如下几个关键词：

技术限制：未来想要获得突破性的技术成果越来越难。

S曲线：回报并不总与投资成正比，当投资达到一定水平时，就很难获得突破性再增长了。

进攻者优势：科技发展的不连续性使得进攻者相对于防御者有更多的优势。

防御者的窘境：对于歌利亚来说，想要和大卫一样灵活就必须先清理掉遗留成本，比如老业务部门的既得利益、固执的企业文化。

这些概念都来自一本30年前的老书，也就是本书《创新：进攻者的优势》，它被翻译为17种语言，足见其受欢迎程度。而且30年过去了，福斯特教授的观点经受住了一个巨变时代的考验。虽然福斯特教授是管理咨询界领袖公司——麦肯锡的功勋合伙人，但本书并不是一本告诉你该如何一步一步去创新的管理宝典，而是一本带你去探索、思考企业创新规律的经济学著作，这在当下潮水般的关于创新主题的书籍中，可谓是一股从30年前奔来的清流！

所以我特别想推荐给大家读一读，帮助大家去思索、判断下一个创新周期的挑战。

/ 推荐序2 /

创新，现代炼金术

他山石智库创始人兼CEO　李大巍

———————

　　想象力丰富的人，或许会为无法和华盛顿、丘吉尔、爱因斯坦这样人类历史上的璀璨明星交流而感到遗憾。诸位先贤和《创新：进攻者的优势》一书作者福斯特博士拥有一个同样的身份，他们都是美国文理科学院院士。2008年，福斯特博士以管理学家的身份当选美国文理科学院院士。当选该院士一直被认为是美国的最高荣誉之一。正如美国文理科学院前院长埃米利奥·比齐（Emilio Bizzi）曾说过的那样，只有"在各自领域以及对世界做出了突出贡献的人"才有资格获得这一殊荣。因此，作为《创新：进攻者的优势》（下称《创新》）（2017版）一书的读者，我们依然可以和某一位改变世界的伟大思想者进行对话。

　　福斯特院士对管理学科和整个世界做出了哪些突出贡献？他一直努力倡导创新精神是解决重大社会和商业问题的重要手段。他认为创新理念是将企业的商业模式用于解决社会重要问题的跳板。作为耶鲁大学最年轻的科学管理学博士，福斯特亦曾是麦肯锡最年轻并最具企业家精神的合伙人。福斯特博士是麦肯锡最快晋升为董事和高级合伙人的管理顾问，并先后创办了麦肯锡科技创新部门、医疗健康咨询部门和私募基金部门。

32年的麦肯锡生涯给福斯特带来了巨大影响。福斯特在退休后开始学以致用"创新"和企业家精神，用创新的思维和商业模式来解决人类社会的重大问题。随后，他成为纪念斯隆-凯特琳癌症中心董事会成员，以及耶鲁医学院院长顾问委员会和哈佛医学院卫生保健政策咨询委员会成员，担任国立科学院工程和医学研究所联合主席，并创办了高盛商会街总裁俱乐部。现在，福斯特先生在耶鲁创业学院、哥伦比亚大学、长江商学院担任教授，并且是六家健康医疗公司、两家计算机和机器学习公司的董事会成员。

近年来，福斯特博士把目光转向创新创业战略实施得如火如荼的中国，每年固定两次访华并多次和中国优秀企业家、教授、创业者交流。不仅如此，福斯特教授还屡次为中国创新型国家战略建言献策。在他身上，我们可以清晰地感受到他精力充沛、富有想象力和充满好奇心的品质，这些也正是他对创新型人才的标准定义。

福斯特博士在《创新》一书中描述了即使在有新的、极具吸引力机会的情况下，成熟企业撤销旧的业务部门也是十分困难的现象。1997年，即在该书初版出版11年后，福斯特博士曾经的研究员——克里斯滕森（Clay Christensen）博士写了一本名为《创新者困境》（*The Innovator's Dilemma*）的书，书中就充满了许多这方面有趣的例子。

创新，无法精确定义，正如爱、美丽以及人世间所有美好的情感一样。当讨论中国创新前景时，毋庸讳言，中国只能走和传统西方国家不同的创新道路。福斯特教授的《创新》提供了一个发人深省的视角：只有向更远处思考，才是正确的态度。

从这本书中，我们可以得到这样一个结论：创新并非一种天赋，也并非位居高处、资源雄厚者的专利。相反，创新是可以习得的炼金术，是国家、企业、个人的终极竞争力。当创业者进入瓶颈期，当弱小企业面对市值一万倍的对手，当弱小国家面对强大国家的压力，当翩翩少年遭遇中年危机，甚至未来某天人类遇到了比自己强大亿倍的外星生命——创新，唯有创新，取得进攻者的优势，才是生存之道。

光阴荏苒，白驹过隙，《创新》（1986年版）出版至今，全球商业社会已然沧海桑田、地覆天翻，而福斯特博士的创新理论依然亘古弥新，依然值得我们沉醉和期待。

修订版序

麦肯锡公司全球管理合伙人、董事长　鲍达民

　　我们生活在一个技术不连续的时代。虽然经济学家一直在争论总体生产力增长是否可以重获第二次工业革命时期的速度，但在所有前沿竞争领域，包括化学、金融服务、零售和通信等行业，无情的变化和财富的爆发都已成为新常态。数字化、机器人和人工智能等基础领域的进步，为生物科技、交通运输等多个领域提供了共同的全球平台，激发了这些领域的突破性发展。美国著名经济学家劳伦斯·萨默斯将"这些发展"称为"我们这个时代的决定性特征"。

　　为了生存和繁荣，今天的管理层必须更加注意挑战者从传统行业边界外爆发的风险，更要弄清楚他们竞争优势的真正来源，并更快地将人才和资本转移到他们可以创新和成长的业务中去。这对于在这方面做得很好的老牌企业来说是一个特殊的挑战。正如IBM前CEO郭士纳最近告诉《麦肯锡季刊》的一样："我们看到的那些持久的公司并不是真正持续了100年的公司。在100年的时间里，他们改变了25次、5次或4次，如果不改变，他们就无法生存。"

　　理查德·福斯特博士在30多年前就看到了这一点。在1986年的《创新》一书中，他阐述了为什么技术不连续性将会更加频繁地出现，并解释了越来越多的领导者如何突然失去新的竞争对手的市场。

更重要的是，他告诉管理人员他们如何应对这种威胁。在哈佛大学克莱顿·克里斯滕森描述"创新者的困境"的10年前，福斯特坚持认为，只有"勇敢地放弃使他们取得成功的技能和产品"，并通过拥抱新技术和新方法来更新自己、成立公司增加他们的"攻击者优势"，才能保持在市场领先位置。

如同所有的经典著作，《创新：进攻者的优势》历久弥新。我很高兴看到这本经典图书再版成功。

在麦肯锡工作了31年，福斯特是一个模范同事。他卓有成效的客户服务和探索前沿想法的两大激情推动我们不断挑战自己。作为资深合伙人，他参与创立了麦肯锡的四个新部门——20世纪70年代的技术部门、80年代初期的化学工业部门、80年代后期的医疗保健部门和90年代的私募股权部门，同时也是麦肯锡全球知识发展部门的领导者。我很自豪地认为他是我的一个导师，我牢记他最著名的一个见解：他研究发现，在1935年标准普尔500的一家公司的平均寿命是90年；今天，考虑到变革的速度，典型的公司寿命已经下降到18年。麦肯锡刚刚庆祝公司成立90周年，同事们和我都知道，只有拥抱福斯特不断创新的理念，我们才会有机会在下一个100年继续为我们的客户服务。

福斯特博士和他的理论很好地匹配了中国这个独特的经济发展时期。我作为长期从事中国研究的中国观察家，在2004—2009年有幸在中国居住和工作，我对这个国家以及这个国家的公民和企业在过去40年来的卓越发展深感钦佩。通过从农业和轻工业到高附加值企业，以及从劳动和资本密集型增长到生产率增长的经济价值链迅速转型，中国不再仅仅吸收和改造来自世界各地的现有技术。相反，它正在磨炼和发展自己的创新肌肉，并且具有明显的潜力，正如麦肯锡全球研究院在2015年报告中所说，它正在成为一个"全球创新领导者"。

　　但为了完成这一转型，中国的企业高管和企业家需要不断推动自己更快地前进，进一步加快发展，以便有一天可以有数百家公司加入阿里巴巴、百度、海尔等当今时代先行者的行列。只有这样做，才可以获得继续适应市场和面对改变的特权。

　　关于如何成功地穿过前面"创造性毁灭风暴"（gale of creative destruction）的训诫，没有比你握在手中的这本书更好的指南。

修订版前言

理查德·福斯特

当《创新：进攻者的优势》在1986年出版时，获得了那个时代读者的共鸣。这本书曾以17种语言与50万名读者见面。回顾过去，人们需要了解不断变化的技术将如何影响未来的世界，至少是未来的商业世界。

反 思

坐下来重读我30年前写的书让我兴奋又紧张，这是一个让人头疼的任务。这些在当时看似合理的推测，如今很容易变得非常愚蠢。哪些预测最后证明是严重错误的？该如何向现在的读者，尤其是外国读者解释这些错误？这些都是我重读这本书时思考的问题。

现在任务完成了，向大家报告一个可喜的发现。我发现《创新：进攻者的优势》中大部分的内容仍然是准确的，甚至有助于读者去思考未来30年的任务和挑战。事实上，我发现许多在岁月中已经淡去的想法，却在当前的经济时代中得到了升华。

20世纪80年代《创新：进攻者的优势》写成时，美国经理人、投资人和学界的主流观点认为，公司力量中"规模"是最重要的维度。公司越大，对于员工和投资人来说就越容易成活并繁荣。《创新：进攻者的优势》中讨论了这个普遍认同却并不正确的论点。书中的案例证明，对员工和投资者来说，长期差异来自"创新能力"，而非"规模"。这里的"创新能力"指：为了给客户、员工和投资者带来利益，识别潜在机会，然后组织劳动力和资本去实现这些机会的能力。

在1986年至2016年的30年间发生了很多变化。这些变化一部分在美国出现，但在中国和世界其他国家更是如此。《创新：进攻者的优势》中引用了大量在当时被认为是"增长行业"的案例，而现在都已发展为成熟行业，比如化工行业、复印机、轮胎、消费品、塑料等。如今，美国经济从化工和消费品转向金融、医疗保健和科技行业。

然而，从今天中国消费者或投资者的眼光来看，书中的许多例子仍然与当前中国经济直接相关。今天的中国经济构成（强调耐用消费品，如汽车、工业产品和材料）与30年前美国经济构成没有很大不同。此外，中国的景象仍然在以戏剧化方式发生积极改变。谁将会在30年前想到中国浙江吉利会收购瑞典汽车制造商沃尔沃，但他们做到了，而且做得非常成功。因此，虽然美国在过去30年中发展势头强劲，但中国的发展更加迅速。

总的来说，《创新：进攻者的优势》在30年前为美国和欧洲提供了有用的指南，希望未来在中国也能如此，希望在未来几年将成为中国的有用指南。30年前的美国，"行业龙头企业发现他们的财富突然消失，往往是被比自己小很多的公司打败"。这是20世纪80年代的美国，也是近在眼前的中国。

本书的主题

《创新：进攻者的优势》覆盖了四个与现代读者相关的主题：

1. 领先地位的丧失

首先，让读者知道，一些竞争者最终会从"坚定的"行业领先者手中夺走权利。这不是稀有事件，在《创新：进攻者的优势》中有大量案例，比如施乐、IBM都曾有过类似事件发生。

2. 用有效的方法帮助理解

为读者提供一套评估方法，用于预测公司在未来竞争中获胜的概率。换句话说，《创新：进攻者的优势》告诉读者该如何确定未来竞争中获胜的时间和方法。其中有四点特别能帮助管理者和投资者透过技术变化的迷雾找到成功的路径。

（1）"技术限制"告诉人们，所有基于基础物理、化学和数学的行业未来要有进一步发展都是非常困难的。田径运动世界中撑竿跳、跳高和马拉松的个人纪录就是很好的证明案例。在写《创新：进攻者的优势》时，几乎所有案例中的数字都快要到达极限了，如今我们仍然面临着这些极限。人们一旦处于"极限"状态，进步就会是非常困难和昂贵的。

（2）"S曲线"记录并说明了投资和技术进步之间的可靠关系。

（3）"收益率曲线"将技术变革的经济影响与实现这种变化所需的投资分离。

（4）"位移分析"显示了在竞争市场中慢—快—慢的变化模式。

3. 进攻者的优势

不论是在1986年还是现在，数据清楚地显示："不论是美国还是中国，技术的不连续性将会以越来越高的频率到达。"

"支撑我们产品和流程的科学知识正在跳跃式增长，这对正在加速建设基础科学设施的中国尤为重要。"

正如《创新：进攻者的优势》在1986年所指出的那样："科技发展的不连续性将在我们走向2000年的脚步中变得越来越频繁，在不连续发展的过程中，进攻者相对于防御者有更多的优势。"这个观点在1986年是正确的，如今也依然正确，只是领域发生了变化。基因编辑、人工智能、虚拟现实、自动驾驶车、自动证券交易等新技术都是证明，这些在30年前都还难以想象。未来30年，将会出现一系列令投资者着迷的新技术。而其中有多少会从中国诞生将是中国在未来几年里需要思考和回答的问题之一。

4. 防守者的窘境

目前所有市场领导者面对的最困难的选择是，在开始进攻之前要防御多久。这是一个非常复杂的问题，需要考虑众多因素，其中还包括重要的心理因素（不做决定的"悔恨"，做出错误决定的"遗憾"，不得已出售或关闭企业的"悲伤"）。

《创新：进攻者的优势》里提到哈里·华纳（华纳兄弟工作室创始人）的故事，华纳在20世纪20年代初不停自问，谁会想听演员说话？他那时得出的答案是"没有人"。那时电影院里的"无声电影"加现场乐队模式已经非常受欢迎，谁会想听演员讲话呢？但事实证明所有人都愿意，华纳兄弟因此错过了产业的第一次发展。虽然最后他们又重新回到市场，但已经失去重大份额。

新的远见

《创新：进攻者的优势》还讲述了游戏的"新方法"。"蛙跳"游戏中揭示有可能成为趋势的新动能。1984年，加利福尼亚新兴公司Genetech挖走了雅培实验室的关键科学家柯克·拉布。雅培再没有在Genetech的市场里获得份额。Genetech将大部分股份卖给瑞士制药公司罗氏后，雅培被彻底赶出市场。但雅培没有再犯这个错误。2000年初，他们发现新的抗癌药物时，立即建立了单独部门进行生产，然后将这个部门拆分给公众，实现了几十亿美元的收益。从那时起，AbbVie才开始成功。

ITAA还涵盖了一些"经典故事"，这些故事对今天的高层管理人员仍然有着深远的影响。例如，施乐（Xerox）的起起落落——复印机巨头现在的规模只有20年前的10％；还有著名的美国光纤制造商Corning，自1851年以来一直是行业龙头，但在1999年至2000年的股市泡沫中几乎被摧毁。

1986年制定的路线并不简单。过去30年里，很多先驱都发现其难以坚持。诚然，"大多数管理者和投资者不能坚持成功所需的严格纪律，即使高级管理人员（和投资者）都明白需要保持领先地位，但只有少数人有信念和纪律坚持这种信念"。

当下的错误

虽然书中已经尽可能地做到了精确，但仍会有一些错误和遗漏，包括：

1. 保守主义

尽管《创新：进攻者的优势》中对某些事情的描述是"激进的"，但从历史的角度看，可能就显得太保守。变化超出人们的想象。身为分析家和作者的我也不敢完全相信我自己的分析。例如，在第二章的结尾和第十章，我认为顶级公司的研发人员也能为未来30年打造一些伟大的创新，比如IBM、GE、杜邦、孟山都、联合技术、花旗银行、Transitron、索尼、富士、宝丽来，但他们却没有。事实上，最大的公司几乎从未提供顶尖的创新。

2. 决策过程中情绪的作用

本书成书时还没有提到"淘汰"和"悲伤"。

3. 从研发家转向企业家

我还漏掉了另外一个转型，人们的兴趣也在从大公司的"研发"转向小公司"创业"。我认为这只是一个开端。迄今为止，一些公司已取得了一些惊人的成功，包括谷歌、Facebook、腾讯、华为、阿里巴巴等。当然仍然有一部分初创并且曾辉煌过的公司也失败了，比如雅虎。

4. CEO成功转型的挑战

《创新：进攻者的优势》中也表述过继任CEO的重要性，以及继任CEO该如何正确接任。这是每个公司的核心，即便是最好的CEO也会经常犯错。所犯错误通常代价高昂，只有董事会能够解决。

5. 日本

我错判了日本，太乐观了。我没预料到1988年日本的股市暴跌。这次震荡基本抹杀了日本企业家多年的潜力。显然他们仍有很多障碍需要克服。

书中传递的信息

1. 可预见的不连续性

首先，从书中提到的工具可以看到这些不连续性将会持续很久。问题是，CEO不知道该如何处理这些信息（见解）。自从本书初版问世以来，还有更多的故事：IBM在20世纪80年代末开始遭遇挫败，之后一位新CEO努力挽救，如今又遭遇挫败。而通用电气自2000年以来的表现已经大大低于市场预期。这些都是"巨人"，都跌倒了。有些可能不会再回归巅峰。未来，小而精的企业将会崛起，成为未来10年乃至20年的领导者，直到他们老去被新的企业取代。

2. 大多数成功的竞争者早有准备

成功的公司相信"后天和今天截然不同，变革会以迅雷不及掩耳之势来临，而且变革的模式可以靠分析来做出预测。相对于在当前的产品上提高效率，他们更关注如何适时地推出技术，拥有最优秀的职员。他们相信，创新是不可避免但却可以驾驭的，驾驭创新是为股东维持优秀业绩的关键。他们知道，创新有风险，而不创新风险更大。"

詹姆斯·布赖恩·奎因在1985年曾说过：

"关键要对改变做出预测，这样才有足够的时间进行退休和再培训利用现有的劳动力。"这是非常困难的。"成功像脉搏的跳动，并非连续发生。判断标准就是是否有弹性。"

"人们应该明白创新的本质，从本源管理，创新本身是动荡、随机和交互式的学习过程，链接全球知识资源网络，以适应客户终端千变万化的需求。"

3. 长路漫漫

企业怎样持续成功，我们还未找到完美的答案。旅程还没结束。

在管理文献中有关于"理想过渡"的建议，这些建议对讨论是有用的，但不是管理者正在寻求的答案。完全适应不断变化的客户需求的系统太复杂、太程式化。就像体育运动中，每场比赛都是新情况，无论团队多么有经验，还是会面临新的情况。只有实践，实践是唯一的方式，是设定期望的唯一方式。董事会往往缺乏经验，CEO们首次运营他们的公司，或者已经运行了很久，因为失去兴趣而错失机会。接任CEO仍是最难的艺术。

本书的价值

《创新：进攻者的优势》过去和现在的真正价值是这本书解释了科学、技术、经济、金融和企业绩效变化之间的联系和反馈循环。虽然在结果中有随机性，但结果不是随机产生的。这个魔法是有顺序的。这些"循环"为管理者提供了预见未来目标设定和规划过程的建议。

公司需要按照旧规则"赢得比赛",而管理层面却面临重大的麻烦。知名美国跨国公司的命运,包括航空产品、化学品公司、施乐公司和康宁公司,还有当时并不出名,但后来非常有名的企业GRID(曾一度被认为可能取代苹果公司)和EMI,以及一家为医院制作磁共振成像(MRI)机器的工作室,其业务曾被GE收购,后又收回。还有一些是我当时认为非常有潜力的公司,结果也真的成功了的公司,比如宝马公司曾经只是一家非常小的汽车制造商,如今已成为全球高端汽车生产商,并且在未来二三十年准备在"自动驾驶"汽车领域大展拳脚。

中国——掌握竞争的核心技巧

中国在过去30年取得了辉煌的成就,未来也有很长的路要走。通过观察中国股市,就能看出来中国的巨大增长。比较中国股市和其他发达国家的股市是很有意思的事,因为股市中可以看到每一分钟公开交易实体的价值变动。中国股市和主要发达国家股市之间的一个主要区别是,中国市场将公司加入到他们的市场参与者名单中,但从不淘汰。而发达国家不是这样的。

例如,美国的主要市场指数是标准普尔500。它是美国目前最重要的500家公司的名单。这个名单永远都是在变动的。自2006年以来,名单中已有超过130家公司被淘汰,130家新公司进入名单。大多数被淘汰的公司都是通过并购而非破产或被当局删除的过程所淘汰。

中国交易所里则是另一番景象:交易所里的证券数量连年持续增长,很少有公司被淘汰。在生物学、经济学和金融学中,消除过程对组织健康至关重要。为了未来在全球范围内保持竞争力，中国需要学习如何删减这份公司名单。否则，力量薄弱的公司将继续在清单上留存，这会破坏中国的经济实力。中国应该关注这个艰难且重要的问题。

历史的回响

我的好朋友，麦肯锡高级合伙人马克斯·戈尔登斯（Max Geldens）曾经记录过新科技取代旧科技遭到抵抗的历史。马克斯在30年前记录：

害怕别人的机器会使自己失业，这种恐惧至少在700年前就有了。在1397年，科隆（Cologne）的行业协会成功地说服城镇政府，让政府下令禁止使用大头针生产机器，因为它会引起失业。在16世纪的英格兰，为了保护手工制造业，议会颁布了一项限制购买织布机的法律。同是在16世纪，安东尼·穆勒（Anthony Muller）发明了一种效率更高的编织器械，当地市长害怕这种机器会引起大规模的失业和动荡，于是很快把安东尼·穆勒处以死刑。1663年，伦敦工人摧毁了新型的机械锯木厂，因为他们认为那会威胁他们的生存。阿姆斯特丹的政府官员对行业协会的强烈要求做出回应，禁止建造塔磨坊，因为它会取代无效率的旧式磨坊，并且影响几百个接受政府大量补贴的磨坊主。塔磨坊被建在了另一个城市，但还是起作用了，无论如何，阿姆斯特丹的磨坊主被取代了。

　　1676年，荷兰禁止使用制带机，这种机器在英国也受到打击。1710年，英国诺丁汉的骚乱者砸碎了织袜机，并点燃了装满成品的仓库。约翰·凯伊（John Kay）是飞梭的发明人，狂怒的暴民因为他的发明而袭击他，随后又烧毁了他的房子。截至1811年，机器粉碎者已经组织成一个团体，自称为"卢德分子"（为了纪念内德·卢德。多年前，他被分配操作一台机器，但是他砸烂了那台机器，并因此而出名），并有组织地在全英格兰地区摧毁能节省劳动力的设备。

今天情况也是一样的。虽然技术和地理位置不同，但所传递的信息是相同的。

*　　*　　*

　　我个人认为，S曲线范式和对社会有积极推动的不连续性，不一定适用于社会中的每一个个人。正如马克斯·戈尔登斯（Max Geldens）所记录的那样，有些人会因技术变化获利，而有些人则会失利。但总的来说，相比其所淘汰的部分，技术变革总是带来更多的机遇。技术变革给我们带来挑战，促使我们再次学习，将企业变成更好的学习型组织。技术变革帮助我们找到、面对并解决许多人面临的实际问题，虽然这个问题不应是所有人都遇到的，至少短期来说是这样的。想要负责任地进行技术变革的想法是我们前进的动力。如果一个人已经知道未来当前的哪些做法会达到极限，那现在就可以开始行动了，在其他人之前判断什么时间使用替代方法。这是未来的承诺。

这本书只是一段旅程的开始，而不是获得"进攻者的优势"所需的全部处方。控制人类系统的极端困难这样的话题未来也会涉及。还有很多值得写的内容，未来在等着我们。

旧版序

罗伯特·H.沃特曼

每个技术人员都知道用一定的方式使用一定的工具（这些工具可以是铅笔或个人电脑，可以是机床或者电视屏幕）去做某件事。老师、汽车设计师、工厂的建设者或者融资计划的制订者，无论使用语言实验室还是激光去做什么事情，我们都在享用我们所处时代的技术。

尽管我们的日常生活深受诸如新的超级芯片此类科技奇迹的影响，但在这里我们并未把科技作为日常生活的一部分看待。科技非常密切地和我们的工作联系在一起。今日即便是离群索居的作家也在使用文字处理软件，而这也改变了他的写作方式。科技挤掉了我们父辈的许多工作机会，将来也可能抢走我们的饭碗。不过，它将创造其他的工作机会。公司和它们的管理者、国家和它们的人民都得面对自我更新的任务，随着科技进步的步伐越来越快，这项任务也变得越来越重。我们都必须变成创新者：创造新的产品，改造我们的技能和工作。

《创新：进攻者的优势》这本书解释了创新的过程为何如此困难，自我更新为何如此具有欺骗性。创新在我们手中时最初似乎是无益的，然后到了我们强大的竞争对手手中，创新却爆发出巨大的能量。迪克·福斯特帮助我们理解我们当中那些试图改变自己，使自己更有竞争力，能重新提供有价值的产品或服务的人，他们是不可避免要经历一段充满挫折和失望的时期的。他帮助我们比别人更好地度过实现创新将不可避免的孵化期，使我们在别人可能放弃的时候更加坚定。在组织和个人两个层面上，他帮助我们决定在怎样的科技项目上投入我们的时间和资源。他提供了一个能够帮助我们把握未来而不是停留在过去的框架。他还帮助我们理解在每天的前进过程中，如何进行必要的自我解构，这种解构使学习变为可能，并进而导致新技能、新产品和新市场的诞生。

理查德是我在麦肯锡（McKinsey）的同事和搭档，因此，他选择组织的自我更新题材是毫不奇怪的。这是麦肯锡一直关注的一个主题。当汤姆·彼得斯（Tom Peters）和我1977年在麦肯锡开始做研究时［这一研究的成果即为我们合著的《追求卓越》（*In Search of Excellence*）一书］，我们就为一些组织持续自我更新的能力所震撼。我们发现，像3M、达美航空公司（Delta Airlines）、惠普和德纳公司（Dana Corporation）这样的公司，它们都有一种创新的意愿，无论在市场上、在车间中还是在实验室里，它们总是试图尝试新的方法，不安于"吃老本"。

最优秀的企业会主动淘汰过时的技术，推出新的技术。用迪克的话说，叫"跳到新的S曲线上"。继续投资于过去的项目总是更容易而且更安全。在开始的时候，一项成熟的技术，投资收益递减的程度可能比较小，但这种小是有欺骗性的。一旦新的技术出现，顾客的反应将是无情而且迅速的。就像迪克所指出的，当晶体管出现时，真空管的制造商们几乎在一夜之间就消失了，相关各方也面临更新技术和产品了。

矛盾的是，快速进入新技术领域的企业，用《追求卓越》一书的话说，依然"坚持他们的本业"。在我们的书中，援引了罗伯特·伍德·约翰逊（Robert Wood Johnson）——强生公司创始人的一句话："不要接手你不懂如何去经营的企业。"不过那并不意味着固守一项处于弱势的技术。一家航空公司的一个工程师在向我的一位同事描述自己的工作时，将自己的工作戏称为"打孔"。他的公司确实体现了"孔"这种东西的方方面面——通过使用激光束或喷水式推进器"打孔"，以使孔更圆、更小，造价更便宜，分割更均匀。他相信坚持本业——打孔，同时他和他的企业努力研发并采纳了许多新技术来"打孔"。总体上，强生公司现在依然是医药和健康护理产业中的领袖企业，不过它一直在做很多工作以维持它的领军地位，比如学习如何在外太空生产更纯的药物。

最后一点，使这本书相比一般的管理学教科书更特别和更丰富的一点在于，迪克·福斯特正确地指出了技术源自于人们的技能。人们必须改变，企业才有可能采纳新技术。基于此，《创新：进攻者的优势》这本书已成为一本更广泛意义上的关于这个世界会无情淘汰个人和组织这个普遍问题的书。因此，这一观点为我们理解管理做出了贡献，人们将会忍受并普遍接受。

罗伯特·沃特曼于旧金山，1985

旧版自序

理查德·福斯特

这本书的写作要从数年前说起。在完成题为《以多孔介质为媒介的非吸收气体的二元流动》的博士论文后，我总在想，自己为什么选择了这么特殊的一个课题，为什么我被安排研究这个技术性问题而非其他问题？

在美国联合碳化物公司（Union Carbide），我的主要关注点是市场营销。在那里，我以为大多数人对上述问题和相关问题有清楚的答案，并相信研发和利润息息相关。然而，实际并不是这样。他们把研发开支视为企业日常费用，认为其支出越少越好。后来我以顾问的身份供职于国家航空航天局（NASA），主要工作是为航天技术制订商业开发计划。我继续从不同的角度追问那个具有普遍性的问题：一个人如何制订一个研究计划并设定优先顺序？技术开发和公司成功之间存在怎样的关系？甚至，这两者之间确实存在关系吗？仅1984年一年，美国企业的总研发费用高达450亿美元，然而企业们从如此庞大的研发费用中又得到了什么呢？

在麦肯锡，我和同事们有机会与全世界规模庞大且管理良好的公司合作。即便在那些公司中，我们也不清楚我们的信念——研发对企业发展至关重要——是否得到普遍的认同。我们感觉到在公司通常的研发管理方式中，有些东西被遗漏了，不过我们并不能确定那些东西具体是什么。

20世纪70年代后期，我们中的几个人经常见面交流企业战略思想。在瑞士我们定期会面的地方，我读了托马斯·库恩（Thomas Kuhn）的《科学革命的结构》（*The Structure of Scientific Revolutions*）一书，终于开始理解技术进步的节奏———项新技术如何最初进步缓慢，然后加速，接着不可避免地减速。在我们那一系列讨论快结束的时候，我做了一些笔记并提交给团队。我们都感觉到，对于研发及其对公司的价值的相关问题，我们开始找到一些答案了。

随后不久，我与埃克森公司（Exxon）的一些人讨论我们的最初构想，他们都持支持性的观点，不过也指出我们遗漏了一些重要的东西。他们说，理解技术进步的节奏是必要的，但关注利润同样重要。他们是对的。意识到这点，我们就走上了把研发对公司成功的影响融合成一个整体的道路。而这一新的道路要求我们用不同于已有的创新研究者的视角看待创新。

对大部分观察者来说，创新是一个孤立的过程，这一过程需要创造力和天赋，也许甚至还需要"伟大"。在他们看来，创新是无法管理和预测的，不能寄希望于一定成功，人最多也只能一定程度上促进它的发生。不过，对我来说，创新是这样，但并不仅仅是这样。创新是创新者或者说进攻者和防守者之间一场较量，在这场较量中，进攻者通过改变事物的秩序来获取收益，而防守者保护其既有的现金流。这就是《创新：进攻者的优势》一书的观点。这一观点使得我和我的同事们可以探究创新中的经济学——很大程度上被研究创新的"巨人"学院所忽略的东西。我们只有在较长的周期中（比如说20—25年）才能考察出企业的成败模式，而这种模式确实是存在的。于是我们开始不仅考察企业的成败模式，还试图揭示决定成败结果背后的原理。我们发现创新的确存在一定的结构，并且是可以预测的。这些模式表明，在大多数情况下，拥有新思想、新方法的企业，而不是大而稳的企业，共同拥有一个优势——进攻者优势。这些思想有助于我们确定什么时候比较可能成功而什么时候比较可能失败。根据这种思想，许多早期的进攻者失败了，是由于它们延迟的时间太长了。所以，这些思想是有价值的。

此后，和客户们一起工作使我们提炼并扩展了这一基本前提。最重要的是，我们现在对关于创新的经济学有了更为深入的理解——新产品的影响最早在什么时候可能被感知，进攻者和防守者的定价、利润大概会发生什么样变化，较量大概会持续多久。在我为《商业周刊》写一篇文章而和艾丽丝·普瑞斯特（Alice Priest）编辑一起工作的过程中，形成了本书最后一个关键思想——当你在处于很好的防守状态时也有必要主动进攻。

总之，《创新：进攻者的优势》这本书源自这样一些公司的经验：这些公司意识到即便在它们很顺利的时候，都必须近于无情地调整当前的产品和生产流程，并始终坚持这种做法，这使它们比其竞争对手拥有更强的生命力。这本书描述了对新技术无情更是一项严峻的挑战，也阐述了更替经济学（the economics of substitution）的内容——使得企业不得不像"不死鸟"。因此，这本书不是一本关于创新流程的书，而是一本关于企业的一种生存观点的书。这种观点认为，企业经营中的变化、成功和失败越来越迅速。

亨利·福特（Henry Ford）很久以前就理解了本书要传达的信息。他在自传《我的生活与工作》（*My Life and Work*）[1]中写道：

---

[1] 亨利·福特、塞缪尔·克劳瑟，《我的生活与工作》，纽约：双日出版社（Doubleday & Co.），1922年。

"如果僵化就是成功，人们只需要顺应人性懒惰的一面就可以了；但如果成长才意味着成功，那人们每天早上都必须以全新的面貌醒来，并保持一整天的精神抖擞。有很多大企业早已成为'魔鬼'的代名词，因为它们认为可以运用一贯僵化的管理办法，把整个企业管理好。虽然那套管理办法在过去是辉煌的，但现在它能否继续辉煌，要看它能否与今天的变化保持一致，而不是奴隶般地听命和尾随它的过去。生活，在我看来，不是停留于某地，而是永远都在旅行。即使是那些最深切感到自己是'定居下来的人'也并非真的安定下来了——他很可能是倒退回去了。万物皆流，其义如此。生活是流动的，我们可以住在同一条街的同一个街牌号的屋子里，但住在那里的永远不会是同一个人。"书中后来还写道："当一个人开始想到他最终找到了他的方法时，他最好先认真检查一下自己，看他的大脑是不是已经完全睡着了。"

本书就是那种"检查"。本书承认创新与个人的伟大有关，不过更强调创新生存于市场范围内。而在市场中，创新不过是一个不断重复的经济事件。这一事件的基本面貌可以很好地用一幅S曲线图来描述。根据S曲线和在此基础上的分析，我们可以回答：可能产生多大的变革，变革将在什么时候发生以及变革的成本多大等问题。要回答这些问题，需要标准的经济学分析以及技术相关的信息，这些信息大部分企业没有或者即使有也不使用。而对这些问题没有答案，它们就会缺乏必要的信念，因而就无法实现自我的更新。它们相信过去只是序幕，不相信这个世界将会以很快的速度使它们的产品贬值，不相信进攻者真的享有优势。也许，它们将会从现在开始相信了。

目录 —— CONTENTS

┌─ 第九章 ╱
└ **不死鸟：保持领先地位的领导者**

┌─ 第十章 ╱
└ **重大转型**

01

第 一 章

Why Leaders Become Losers

为什么领先者会失败

——— // ∧ \\ ———

珍惜传统、古建筑、古典文化和典雅的生活方式是有价值的，不过在科技的世界，固守过时的生产方法、旧的生产线、旧市场，以及管理者或工人的陈腐态度，则是一剂自杀的药方。

——勒阿恩·马多克爵士（Ieuan Maddock），

《新科学家》（*New Scientist*）杂志，1982年

翻船的 "帆船"

1907年12月13日，星期五，在接近拂晓的时候，"托马斯·W.劳森号"（Thomas W. Lawson）沉没在英吉利海峡的锡利群岛（Scilly Isles）。除了船长和一位船员外，船上所有随航人员全部失踪。这本来不过是黑色星期五^①的又一次普通的沉船事件而已，不过"托马斯·W. 劳森号"却有不同之处。这艘帆船漂亮而宏伟，有7根桅杆（见图1）。它的设计是用来和新出现的轮船在货运市场上一决高下的，当时轮船正迅速从帆船手中抢夺市场份额。它由霍河造船厂（Fore River Ship）和机械制造公司（Engine Building Company）共同建造，在顺风中速度可达22节（大约1.8千米/小时）。但是为了速度，设计者不得不牺牲机动性，因而这艘船很难操控。事实上，它就是在大风中抛锚时倾覆的。一份记录中写道，在早上被发现时，它看起来"和鲸鱼的背脊颇有几分相似……船壳的两边被海浪拍打着"。

---

① 许多西方人认为数字13和星期五是不吉利的，13日又恰巧是星期五被称为"黑色星期五"。——译者注

之后再没有人设计快速货运帆船了，造船者和他们的雇工也都另谋出路去了。帆船的商业时代和"托马斯·W. 劳森号"一起终结，轮船开始统治大海。

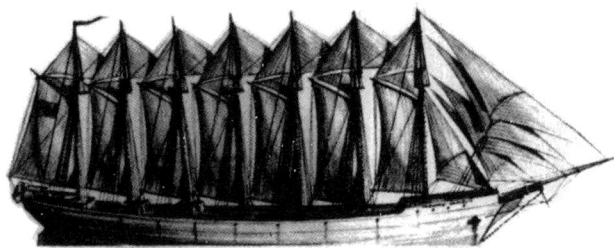

图1 "托马斯·W. 劳森号"，1902—1907年

"劳森号"的甲板上，7根桅杆支起的帆布紧密地排在一起，空间很小，风的流动受限。

资料来源：Enzo·Angelucci和Attilio·Cucari，《船》，纽约：麦格劳—希尔出版社（McGraw-Hill），1975年。

1971年5月，俄亥俄州代顿市美国现金出纳机制造公司（National Cash Register）宣布，新设计的总价值1.4亿的收银机因无法售出而报废。接下来的一个月，成千上万的工人被解雇，CEO也被炒掉。之后的四年间，股票价格从45美元降到14美元。问题何在？使用机电部件的收银机无法和新的、造价更低的、更好用的电子收银机竞争。

1947年，宝洁公司推出了第一种合成洗衣粉——汰渍，它优于传统的天然洗涤剂，因为它包含的磷酸盐"增洁剂"能够增强去污能力。那时候宝洁在洗涤剂市场的主要竞争对手是利华兄弟公司。汰渍的出现改变了一切。汰渍很快脱销，把利华兄弟远远甩在后面。利华兄弟无法达到宝洁的技术水平。等利华兄弟终于生产出来自己的合成产品"冲浪"时，它又显得太弱势、太晚了。宝洁已经占尽先机。

在这些和更多类似的案例中，许多在自己行业领域是佼佼者的企业发现它们的财富转眼间化作乌有。是这些领袖企业并不像人们所认为那样拥有天然的优势，还是说它们固有的劣势超过了它们天然的优势？我认为是后者，而这种劣势是由技术变革带来的。技术变革可以解释以下问题：为什么在很多时候只有三分之一的企业盈利高于筹资成本？为什么大多数企业在20年中只有一年能达到汤姆·彼得斯和罗伯特·沃特曼所定义的卓越的财务业绩，而且达到后通常迅速滑落到一般水平？为什么最优秀的企业只能保持三到四年突出的优势？

理解竞争的动态性

这种失败的根源，在于每个公司在做必须做的关键决策时，其中所隐含的假设。大部分安于短期成功的公司经理们假定明天或多或少会像今天这样，那种深刻的变革不太可能会到来，即便会来也是不可预测的，并且无论如何不会很快到来，因此，他们把精力主要放在如何把他们的生产经营的成本降至最低。尽管他们积极评价创新，也赞成最新的创业精神（Entrepreneurship）理论，他们依旧认为创新是一个高度个人化的过程，很大程度上无法驾驭和计划，而且创新是有很大风险的，比保住他们当前的市场地位更有风险。

然而，像IBM、惠普、宝洁、强生、联合技术公司、哈里斯和康宁这样的企业，它们都做了相反的假设。它们相信，后天和今天截然不同，变革会以迅雷不及掩耳之势来临，而且变革的模式可以靠分析来做出预测。相对于在当前的产品上提高效率，它们更关注如何适时地推出技术，拥有最优秀的职员。它们相信，创新是不可避免但却可以驾驭的，驾驭创新是为股东维持优秀业绩的关键。它们相信，作为进攻者的创新者最终会占据优势，而它们就是要去成为进攻者，同时也不放弃正处于防守地位的业务。它们也知道，它们将会面临许多问题，将要经历艰难时期，但它们已经做好了经受这些风雨的准备。它们知道，创新有风险，而不创新风险更大。

　　成功企业信念的产生并非偶然，这些信念建立在对于竞争的动态性把握上。这种动态性在经理们的业务压力中每时每刻都得到体现。为了理解这种动态性，我们需要理解三个概念：S曲线、进攻者的优势，以及断层。

S曲线

　　"S曲线"表示投入和绩效的关系。投入是指用来改进一种产品或生产流程所付出的努力，绩效即是投资的回报。由于这种关系用图画出来像字母"S"，更确切地说，它的形状更像是一个右上角和左下角同时拉伸的"S"，我们称之为"S曲线"（见图2）。

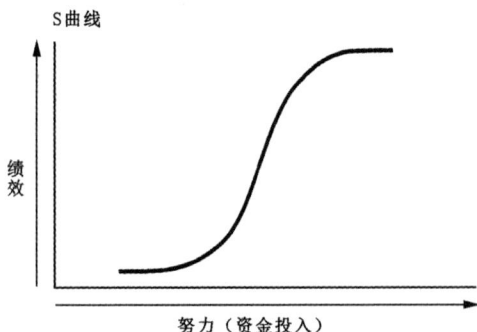

图2　技术进步的孕育、爆发和逐渐成熟

最初，当资金投入到研发一种新产品或新流程，其进展通常是缓慢的。然后，当关键的知识摸索出来时，就立刻从困境中走出来了。最后，进一步把钱投入研发这种产品或流程，技术进步将越来越困难并且代价高昂。再好的帆船很难使速度再快多少，再好的电机收银机其性能也不能改变多少，再好的传统洗涤剂洗出来的衣服也不会干净很多。而这就是因为它们已经到达S曲线顶部的极限了。

极限：思考技术的新角度

极限，是世人生活和企业经营的基本限度。我们做任何事，做任何东西都要受到极限的约束。我们无法绕开它，所以当面临它时，我们要么改变，要么举步不前。即便我们对它不总是非常清楚，我们至少能隐隐感觉它的存在。1985年7月，在巴黎国际田径大奖赛上，苏联的谢尔盖·布勃卡（Sergei Bubka）跳过了6米的横竿，也由此打破了世界撑竿跳高纪录。在问及是否曾经想过要跳到7米时，他回答道，"我没想过，要有一次'技术革命'才能达到那个高度。"现在看来，借助曲玻璃纤维竿就能跳那么高了。

在工商界，极限决定了哪种机器、哪种流程将被淘汰，极限也决定了为什么某种产品不可能总为企业赚钱。经理们认识极限的能力关乎他们的事业成败，因为极限能帮助他们认识到他们在什么时候需要开发什么样的新技术。

技术在这里有好几种含义。有时它是一种特定的流程，比如说生产某种产品的化学流程。这种情况下，很难区分产品和技术。广义上，技术可以是一种生产流程，比如相对于平炉钢法的连铸钢法。这是技术和产品可以清楚地区分开来的情况。另一个可以清楚区分的例子是客户资产管理业务CMA（Cash Management Account）。新的信息处理技术使得CMA变为可能。更广泛地，我们可以将技术看作企业处理业务或完成一项工作（如生产线对应于批处理，或者"滚式"跳高技术相对于"背越式"技术）的一般性方法。

重点在于：各种方式定义的技术，都有其极限。不管是特定的技术（比如，硅片上的密度工艺有其极限），还是由一系列技术组成的综合技术、产品或业务方式。

当产品与技术联系非常紧密而且明显的时候，可以很容易地看出这些极限是如何影响绩效和产品的销售额的。不过，当你面对的是像航空那样由成千上万种技术组成的业务时，发现这种极限的重要性就不是那么容易了。不过，即便这样，也通常会有一两种或数种关键技术（计算机中的芯片，或者撑竿跳高运动员手中的跳竿）。而这些就是管理人员、发明家和我们每个人应该予以重点关注的技术。

我们都知道极限，不过很多企业经常意识不到或者即便意识到了也不积极应对。数年前，我在造访阿拉巴马州一家造纸厂时就感受到了这一点。这家公司在旧的工厂旁建了一个新厂。我们的参观从旧厂开始，当我们从控制室走过时，看见工程师们拿着自动打印出来的图纸和生产统计表。我问道，显示器正取代办公用纸，电子产品会不会取代纸？主人优雅且坚定地告诉我，这是不可能的，因为我们需要感觉纸、触摸纸；如果没有纸，我们将失去纸带来的那种安全感。然后我们走到新工厂的控制室，我惊奇地发现，那里全部是电子屏幕，一张纸都没有！我感觉我正在跟"托马斯·W.劳森号"的船长说话。这位管理者没意识到，印刷作为传递信息的技术已经快接近其极限了，而电子技术将更有效、更廉价地传递信息。

如果你处于极限点，无论你多么努力，也不可能取得进步。当你接近极限点时，取得进步的成本急剧上升。因此，认识到极限对企业预测改变的时机或者至少意识到什么时候不该再做无谓的投资是非常关键的。问题在于大部分企业从来都不知道自己的极限。企业不会系统地去探究夜里暴风雪来临的信号，然而这种信号可以告诉它们还能在多大程度上改进产品和流程。

当然，也有企业不是这样。正是因为了解当前技术的极限，才使得IBM为它在20世纪70年代末期推出的4300和308X系列机开发了新的半导体封装技术；使得贝尔实验室和康宁在20世纪60年代率先开发了用于通信的光缆；使得詹姆士·布莱克爵士（Sir James Black）在研制泰胃美（Tagamet）时，拒绝使用传统的筛选方法，从而使当时的史克公司（Smith Kline）成为领袖企业。

正如里德（T.R.Reid）在《IC双雄：诺贝尔得主和英特尔创始人的创新大赛》（*The chip:how two Americans invented the Microchip and launched a revolution*）一书中所描写的，正是意识到了"数字专政"，即"连导线"①的极限，才使诺耶斯（Noyce）和基尔比（Kilby）开发出新的流程和产品，最终产生了深刻影响当代人生活的半导体芯片。那个时候，局外人很难理解为什么那些公司、那些人要放弃过去的成功。局外人也不明白极限。

对于那些不懂极限和S曲线的人来说，变革是"盲区"，是一件令人惊异的事。然而，它却很常见，并且可以预见。所以，我经常想把S曲线称作"盲区线"，不过这样过于强调它的消极面了，而S曲线有其积极的一面：要想成为成功的进攻者，企业可以并且一定要用S曲线理

---

① 连导线指代相对于集成电路的传统电路。——译者注

论作为理论基础。从这个意义上来说，我们也可以把S曲线称为"进攻者曲线"。不过，我们还是以其形状命名，叫它"S曲线"。

进攻者的优势

只有当技术变革正在发生的时候，S曲线才有重要的实践意义。就是说，一家企业正接近它的极限，而别的也许经验不太丰富的企业，正在寻求超越极限的替代技术。实际上，这种情况几乎每时每刻都在发生。我把从一组产品或流程跳到另一组产品或流程这一期间称为技术断层期。在老的S曲线走到尽头和新的S曲线形成之间有一个突变过程。新的S曲线不是以老S曲线的知识为基础，而是以全新的知识为基础。比如，从真空管到半导体，从螺旋桨飞机到喷气机，从自然的纤维、洗涤剂到合成的纤维、洗涤剂，从布的尿布到纸尿布，从唱片到录像带再到压缩光盘（CD），从碳酸可乐饮料到碳酸果汁饮料，甚至从传统网球拍到增大了"甜区"①的王子牌（Prince）网球拍……这些都是技术断层，正是这些断层使许多行业领袖摔落马下。

技术断层出现得很快，并且会越来越快。支撑我们的产品和流程的科学知识，如量子物理、表面化学、细胞生物学、数学以及知识本身的结构等等，都在以几何级数增长。此外，我们每天都对创新的过程——创新是如何运转的，如何使其运转得更好——有更多的了解。这两方面的发展早已有之，不过只是到了今天，两者相互作用才产生了知识爆炸和大量的技术变革。我们生活在断层时代，在这样的时代

---

① 网球拍的有效击球部位。——译者注

里，行业领袖面临前所未有的风险。

断层造成的结果对于防守者来说，几乎总是残酷的。没有认识到机电收银机的极限让美国现金出纳机公司成千上万的员工和管理者饭碗不保，投资者的损失达数百万美元；对利华兄弟公司来说，没有看到极限让它们花费了数月来生产自己的合成洗涤剂，并将领袖地位拱手让给宝洁公司；对于那家亚拉巴马州的造纸厂来说，如果电子产品降低了对纸的需求，这可能意味着开工不足和产品价格下跌。

本书不只是要说随着时间的推移，技术断层将来得更频繁，更重要的是，在技术断层期间，进攻者将胜过防守者。

接近极限时，取得进步所要付出的代价将越来越昂贵。同时，新方法将可能出现，这种新方法往往在领袖企业并没有很好地发展的地方出现。当这些进攻开始时，领袖企业根据传统的经济分析，往往发现不了这种攻击。当年轻的进攻者开始长大，开始懂得成功的真谛，并接受了市场中的训练，它们也就为和领袖企业之间的战斗做好了充分的准备。在演变过程中，长时期良好的企业绩效带来的安全感、鼓励管理者守业的传统管理信条麻痹了防守者。为信念坚守的防守者，想回击已经为时已晚。摧枯拉朽的决战中，领袖企业倒下了，其管理者们试图保卫他们的雇员和股东的努力以失败告终，他们因做得太少、太晚而被市场诅咒了。

为了不被进攻者的优势所打败，处于防守位置的企业必须理解S曲线和极限，它们告诉管理人员什么时候进攻会发生，进攻可能带来怎样的结果。因此，它们能帮助防守者预见并应对挑战。

一种新的范式

这不是一个理论。不过，企业会有意识或无意识地使用这样的见解来应对竞争。举例来说，宝洁不仅开发合成洗衣粉市场，也试图在纸处理方面寻求机会以赶上帮宝适（Pampers），帮宝适占有35%的一次性尿布市场份额，利润比宝洁多出20%，宝洁尝试利用生产橙汁的工艺流程再上演一次好戏；米其林（Michelin）引入更耐用的子午线轮胎，占领了美国11%的轮胎市场；花旗银行（Citibank）引入自动取款机，立刻让它的对手们陷入被动；索尼和其他公司最终用比磁带音效好许多的CD占领了录音市场；使用新技术治疗胃溃疡的泰胃美推出后，史克业绩水涨船高，之后成为了一流的制药公司；强生通过泰诺（Tylenol）获得优势；日本以电子表超越了瑞士；通用在喷气式发动机方面用高涵道比涡扇式喷气发动机战胜了对手；德州仪器以其固体电子方面的领先地位取得了对西屋（Westinghouse）、喜万年（Sylvania）等公司的优势地位；哈里斯自动排印机公司（Harris Intertype Corporation）在20世纪60年代中期通过从成熟的机电排印技术升级到电子排印技术实现了自救；20世纪60年代，富士施乐通过引入更灵活、更廉价的内在复写和复印工艺，将其他复写纸公司甩在后面；美国外科（U.S.Surgical）通过利用钉子缝合伤口这项由苏联人开发的技术获得优势；基于计算机的文字处理器、电子打字机的研发使IBM在办公设备产品上超越了史密斯科罗纳公司（Smith Corona）。这些案例当中，新出现的技术机会和传统的成熟的而且仍有改进空间的技术交织在一起，这就给了新进入者打败在位者的机会。

如果你用这样一个新范式——S曲线、极限以及进攻者的优势这样一些概念去看待企业的前景，你将会看到另一些战斗正在酝酿。经生物技术处理的果汁饮料将会挑战可乐类饮料；特殊的除虫和消灭其他有害动植物的除害方法将会挑战使用化工企业生产的杀虫剂和除草剂的除害方法；并行处理计算机将会挑战传统的串行处理计算机，并占领它的市场；甚至在不远的将来，光计算机制造商有可能挑战像IBM这样的电子计算机制造商；名为亚砷酸镓的新型材料将有可能挤占相当部分半导体硅片市场；磁共振成像技术将在医疗诊断方面取代计算机辅助X线断层摄影术（CAT扫描）；癌症治疗方面，单克隆抗体将被证明更为安全而有效，从而替代传统的副作用很大的放疗；新的制药企业使用生物技术制造出来的药物，不会直接作用于人体，而是刺激人体产生"自然"药物来进行治疗，这种治疗方法没有副作用；以电子技术为基础的家庭银行服务将会使大型跨国银行没必要开设很多分支机构……可能的变革清单是怎么列也列不完的，不过，重要的问题在于，这些可能的变革哪些可能发生、在什么时候发生。我没有这些问题的确切答案，不过如果应用S曲线和极限概念去进行适当分析，我们有可能获得正确答案。

简而言之，这些概念将让读者重新理解竞争。不用说，使用本书中所描述的S曲线、极限分析和其他分析技术可能会出错。即便是最严谨的科学家，在关于极限，特别是竞争对手的技术极限的判断方面，都可能会出错。即便可以很精确定义极限，达到极限的关键思想也还可能不明确，内部的流程可能比估计的进展更慢、更麻烦，这使得将一项技术推向极限的成本大大增加。这些问题可能导致错误的判断和错误的行为。不过如果避免了这些问题（事实上在大多数情况下这些问题都是可能避免的），我们就可能节约许多的时间。S曲线将会为预测未来可能出现怎样的情况、如何才能抓住机会提供一个可靠的依据。

S曲线、极限分析和进攻者的优势这些概念不容易应用是事实，不过至少这些概念有助于解释和传统的管理理念相对立的很多事实：

为什么领袖会变成失败者，为什么企业经营不存在固定优势，以及为什么单个产品往往以比我们想象中更快地失去竞争优势？为什么弱小的竞争者往往能打败强大的对手？为什么企业领导者想控制所在产业的创新节奏几乎总是会失败？

让我们看看《追求卓越》一书的合著者罗伯特·沃特曼在该书中给出的建议。他建议企业应该"坚守本业"。他认为，企业的成功建立在一组独特的竞争技能上，而这种技能要用许多年才能磨炼并积累出来。因此，他建议企业应该始终坚持做自己的核心领域，而不要轻易转到新的领域。但是，当一个企业接近它的产品生产能力的极限时该怎么办呢？像1971年那时的美国现金出纳机公司，他们该怎么办呢？柯蒂斯-莱特公司（Curtiss-Wright）在喷气机引入很长一段时间还一直坚守螺旋桨飞机制造业务，而它现在完全被它以前的老对手洛克西德（Lockheed）、麦道（McDonnell Douglas）超过。办公产品制造商Addressograph Multigraph公司固守于机械产品，无法跟上电子产品的步伐。总之，谈到技术，最优的策略也许是开拓不熟悉的领域。就像哈里斯、康宁和古尔德做的那样，从熟悉的领域转到不太熟悉，无论是个人还是工作，前景都让人感到害怕的领域。

变革的勇气

S曲线、极限和进攻者的优势是问题的核心所在，也是解决问题的核心所在。举例来说，有些人，我们称之为极限主义者，他们在发现极限以及通往极限的过程方面有着非凡的能力。这种人应该被聘用并被重用。还有一些人，他们能够发现新的方法，绕开通往极限的路径，这种人也是非常关键的。明白了竞争威胁何时会变为现实，才能知道要设计怎样的产品。有时候，由新老技术混合的，装配起来很有难度的产品（比如蒸汽机和帆的混合动力船）对于在竞争中取得成功是非常关键的。为了与老的技术和产品竞争，企业可以成立专门的部门来研发新技术和产品，这时，画出S曲线可以预测可能面临的困难。

这些并不简单，它需要企业主要的领导者把观念从寻求效率转变到寻求竞争力上来。事实上，科技持续冲击着人们，而在确保企业驾驭科技的潮流方面，主要领导者成为核心角色。他没必要是科学家，但他必须能够理解科学和创新的发展；他应该确信并强调，即便公司从古典经济学来看各方面都运行良好，也应该舍弃原有的技术和技能基础；当研发新产品和新流程的初始阶段往往不可避免地偏离轨道或结果令人失望时，他应该有忍受批评的厚脸皮。

最优秀的管理，应该发展出一种探讨、管理技术的"语言"及其附属"设施"。在会议室，除了一些进度报告外，我们不常听到技术方面的讨论；而在这种报告会上，我们往往不懂装懂或者装模作样地评论一番。这就是因为我们缺乏管理技术的"语言"或者说概念框架。有一些理论，试图通过描述企业在某项技术上相对于其市场潜力的实力来"连接"技术和市场，这种"连接"看起来很形象，其实很表面化。事实上，这些理论并没有真正理解这种联系。而这正是本书希望做的：建立一种在技术断层和国际竞争驱动的时代里，企业管理所需要的连接和语言。

我相信，大部分企业管理者知道，技术变革和他们息息相关，把他们的业务贴上高科技或者低科技的标签是没用的，而且容易让人误解。他们所缺的是一张描绘技术变革过程的"发动机"的图，通过这张图，管理者们可以知道技术是如何转化为竞争优势的，从而可以控制发动机上的"节流阀"。

由于他们缺乏这种语言，不能提出正确的问题，他们也就无法回答下列重大问题：我的企业处于多大的麻烦当中？这种新的产品或流程真的代表真正的威胁吗？长期的结果将会是怎样的？当在竞争白热化，人们和产品都失败时，他们需要知道这些问题的答案。

理解S曲线，理解它是如何展开、什么会限制它，是分析你所面临的麻烦有多致命的关键，也是分析你可能收获多大机遇的关键。S曲线不需要事后再画，你现在就可以画。它所提供的更重要的是一种思路，相对来说，精确性并不太重要。要做出正确的判断，往往只需要对一项技术的发展路径有个大致的了解就够了。如果技术变革发生再变得缓慢时，就像菲利普·莫菲特（Phillip Moffitt）在1985年的《时尚先生》（Esquire）杂志中写的："那时有一个机会去避免一次戏剧性的退化。如果我们称之为'观察点'（observation point），在观察点我们可以看到过去和未来，这时需要时间反思我们正在做什么。"[1]

而这正是我们所遗忘的。也许这就是为什么如此多的管理人员缺乏管理技术的意愿，倒退到认为技术开发是无法预测、无法管理的观念上去。

我和我在麦肯锡的同事通过观察发现，即便最高层管理者知道应该在什么方面保持领先，他们当中也只有很少数的人对此非常确信，并以此为行动准则。这部分人拥有改变进而领导企业跨越技术断层的意愿。事实上，有这种意愿的人都实现了他们的意愿。问题在于，有多少人会像他们那样，避免重蹈"托马斯·W.劳森号"的覆辙。

---

[1] 菲利普·莫菲特，《卓越的阴暗面》（The Dark Side of Excellence），《时尚先生》，1985年12月，第43～44页。

The Age of Discontinuity

断层的时代

—— // ∧ \\ ——

新制度不是由政治家建立的，也不是由经济学家建立的，而是由技术建立的。从某些方面说，新世界金融体系不过是学习使用30万赫兹电磁光谱的工程师和通信卫星的意外附属产品而已。

——前花旗集团总裁沃尔特·里斯顿（Walter Wriston），1985年

在我们周围一直发生

强生婴儿用品公司的总裁吉姆·犹他斯基（Jim Utaski）是一位经验非常丰富的商人。他曾经在美国从事营销工作，并负责强生公司在巴西的业务。吉姆说，在巴西，即使高达百分之百的年通货膨胀率也比技术变革更容易应付。"一旦明确通货膨胀存在并将持续下去，你就可以应付它了。你知道为了处理存货、价格以及员工福利必须要做哪些事情。但是，通常情况下，处理技术变革是一项全新的任务。总是有新规则不断地出现，你永远也不知道接下来会出现什么规则，也不知道是谁带来了这些新规则。另外，还有整个语言的问题，学习葡萄牙语都比学习大量的科技术语简单得多。"

如果这些话是IBM、通用电气公司（GE）或默克公司（Merck）的总裁说出来的，那可能也不足为奇。但是一个生产爽身粉和无泪配方洗发水的公司领导说出这样的话，确实表明技术是如何影响和挑战每一个公司的，而不仅限于那些被称为"高科技"的公司。然而，在企业家之间有这样一种观点，即："话虽如此，但是实际上断层很少，并且离我们很远。生活中最常见的还是连续性。我所关心的是管理连续性，而不是去管理那些可能在我一生中只影响我一次的事情——如果这种极罕见的事情会发生的话。"

如果仅仅是这样也就罢了。但是彼特·德鲁克的书《断层时代》（*The Age of Discontinuity*）却真实地描述了我们所处的经济时代。断层出现的频率比我们大部分人想象的都要高，而且它们的频率还在增加。在所有的行业中，断层都正在发生，或者隐约即将出现。它们的影响很广泛，会带来一系列无穷无尽的商业竞赛，这些竞争造就了一些人的成功和另一些人的失败。

到超级市场的冰柜那儿看看某些产品正在发生的断层吧！例如，橙汁产品，把橙汁"压缩"进罐头容器中的新技术，最初是由彼特里斯公司（Beatrice Companies）的纯品康纳（Tropicana）果汁公司研发出来的。随后可口可乐公司开始在美汁源（Minute Maid）品牌上采用冷冻储存技术。柑橘山公司（Citrus Hill）是宝洁公司的一个分公司，现在，它又把低温提取技术商业化。断言低温技术是否会取代冷冻技术还太早，但是因为宝洁公司有利用新技术生产新产品的成功纪录（例如，尿布和合成洗衣粉），所以，密切关注宝洁公司还是很重要的。

技术使基督教青年会（YMCA）、体育馆和健身中心都发生了巨大的变化。鹦鹉螺设备代替了依靠万有引力和滑轮系统的设备。它的发明者亚瑟·琼斯（Arthur Jones）称其为"思考者的杠铃"。就像《极限运动》（*UltraSport*）杂志描述的那样："不同的鹦鹉螺机器或'设备'，把杠铃的单方向阻力（作为对重力的反应，这个阻力的方向朝下）转换成一种旋转的、多方向的阻力，这种设计更符合人体的实际情况。第二，利用'凸轮'，或者形状奇怪的椭球形的运动部分，这种机器可以根据人体改变阻力的大小：肌肉强壮时阻力大些，肌肉较弱时阻力小些。"这样，人们在鹦鹉螺机器上锻炼速度更快，效果也更好。

计算机和通信技术也逐渐改变了银行、贸易和服务行业。考虑一下银行是怎样利用电子技术的：它们用自动取款机代替出纳员。银行卡上的磁条可能很快就会被计算机芯片所取代。那样，银行卡不再仅仅是使用银行账户的手段，它还将成为银行账户的记录，可以及时进行数据更新，客户即使在百货公司也可以提取现金。电子技术的应用，已经使银行后台办公室在某些方面实现了无纸化，由此降低了成本，并增加了响应能力。利用电子技术，可以在街角开设一个很小的银行分支机构，或者根本没有开设大分支机构的必要了。这样，就会改变整个银行业的结构。如今，想利用新技术创办银行的企业家与传统的银行相比，可能不仅具有竞争力，还具有巨大的成本优势。花旗银行是研发投资金额最大的公司之一。在新总裁约翰·里德的管理下，公司员工的技术背景对于其职业发展的重要程度几乎和财务能力的重要程度一样。里德从麻省理工学院获得物理冶金学学位，但他是通过消费者业务升为公司顶级管理人员的。理查德·霍夫曼（Richard Hoffman）是耶鲁大学分子生物物理学博士，他接替了里德的消费者业务。很难说他们是传统的银行家。

美国国会科技评鉴处（The Office of Technological Assessment）预期，在20世纪结束之前，利用基因分离技术（科技）生产的化学药品和医药，其年度销售额会超过原有的150亿美元的纪录。生物技术会影响很多行业。例如，它可以瞬间瓦解一个原本充满生机的行业。接连不断的收购活动使联盟经营理念替代了传统的家庭经营理念，孟山都公司（Monsanto）、普强公司（Upjohn）和路博润（Lubrizol）公司都是这种联盟经营的例子。科学家们越来越强烈地感觉到，我们正处在第二次"绿色革命"的边缘，正是这种感觉促使这些收购活动的发生。把新型基因直接移植到植物体内，就可以利用生物技术创造出更耐寒、生命力更强的植物。科学家们正在研究转基因植物，它们可以自己合成氮肥料，并且更耐旱、更耐高温。

分子工程技术可能不像基因工程技术那样引人注目，但它的一个分支学科却与基因工程同样令人惊叹。有些人把材料科学家称为分子经理，因为他们可以在单个分子内部移动原子，创造全新的物质结构。像美国海格力斯公司（Hercules）、杜邦公司、美国塞拉尼斯公司（Celanese）和通用电气公司，这些公司提供了一系列影响深远的新材料，它们的性能比传统材料好很多。这些公司花费多年的时间进行研发，才开发出这些新产品，而且这些成果也恰好在适当的时机出现。目前在航天行业中，一些类似机翼的产品都使用先进的合成材料，因为它们能够承受"高疲惫"的环境。

对于像铁和铝等老式金属的生产者来说，这可不是一个好消息。就像一本杂志上说的："没有人宣称我们已经进入新材料时代，但是分子工程学的产品每天都在抢占产业革命产生的传统材料市场。于是生产商需要做出一个权衡：产品性能提高与转换到不熟悉的生产过程所带来的困难之间的权衡；降低材料重量并提高能源效率与巨额资本投资之间的取舍。但是，当然了，这也是创业机会的本质：成为技术革命的受益者而不是牺牲品。"[1]

材料产品上存在着巨大的可替代性，而且我们已经在合成材料的包装领域看到了这个问题。毫无疑问，我们还会在化学药品行业看

---

[1] 杰费里·史密斯（Geoffrey Smith），《新的炼金术士》（*The New Alchemist*），《福布斯》，1984年4月9日，第101~104页。

到同样的问题。最初开发的高分子聚合物可以承受1000华氏度（约相当于538摄氏度）的高温。利用这种技术，就可以用塑料做汽车的车身和飞机的机身。李尔公司（Lear）开发了一种塑料飞机——那种飞机的材料不是用传统的PVC（聚氯乙烯）塑料，而是强度非常高的塑料、环氧树脂和碳墨纤维。李尔公司向美国联邦航空局申请这种飞机的生产证书，两百多家买购购买商等待购买这种新材料制造的飞机。[①]

技术给我们带来了一切可能性。新公司急切地想要利用大多数的创新机会。目前，大部分的创新企业都很小，也没有什么名气，但很可能其中一些公司就是市场的明日之星。你知道多少家这样的公司？单克隆抗体公司（Monoclonal Antibodies Inc.）、美国赛托根公司（Cytogen）、技术知识公司（Teknowledge）、认知系统（Cognitive System）、自动机械视觉系统（Robotic Vision System）、磁共振成像（Intermagnetics General）公司和速博康（Supercon）公司。这些公司拥有的市场都很小，它们就在这很小的市场中开发新技术，就像德州仪器公司在1955年与西屋电器公司和其他公司竞争时所做的一样。

第四次断层浪潮

如今正在发生的断层以前曾有先例。从历史的角度看，技术断层经常集中地出现。例如，19世纪晚期就是一个断层较多的时期，因为我们的重心从农业生产转移到了工业生产上，汽车和火车代替了四轮马车，电话开启了联系的新时代，蒸汽船取代了帆船。经济学家越来

① 但是美国联邦航空局的证明书没有批下来。李尔公司现在已经宣告破产了。

越认同这种观点，那就是在过去的250年中，创新的浪潮差不多每隔50年就出现一次。在创新周期的最初几年里，技术含量不断增多。在接下来的一段时期里，创新活动大量涌现出来。再接下来是一段很长的商业化时期，在这段时期内，创新的速度逐渐放慢。俄罗斯经济学家尼古拉·康德拉季耶夫（Nikolai Kondratiev）最先提出这个理论。20世纪30年代，德国经济学家约瑟夫·熊彼特（Joseph Schumpeter）发展了这个理论。熊彼特证明，第一次断层浪潮从1790年持续到1840年，这次技术断层的基础是纺织业新技术，这种新技术不再用人做动力，而是用煤和蒸汽。第二次浪潮出现在1840—1890年间，铁路和机械化直接推动了这次技术断层的出现。第三次（1890—1940年）技术断层的基础是电力以及化学和内燃机方面的进步。第四次浪潮（1940—1990年），其基础是电子技术，但是这次创新的步伐还没有停止。英格兰萨塞克斯大学（Sussex University）科学政策教授克里斯托弗·弗里曼（Christopher Freeman）认为，第五次康德拉季耶夫周期已经开始了，而生物技术至少是这次技术断层的基础的一部分。我认为，作为计算机科学进步基础的物理学和数学，其进步是第五次断层浪潮的另一个关键因素。

电子行业的发展可谓日新月异，我的一个日本同事大前研一甚至把它比喻成时尚产业。一般来说，生产商每两年就要把产品更新换代。如果把流行的电子产品比作长裙，而生产商却生产短裙，那么它就会陷入相当困难的境地。日本人曾经创造了一个新词"TAT"，它来源于美国短语——留港时间（turn-around time）。这个时间指的是，从感觉到市场对一种新产品的需求，到向市场大量供货的时间间隔。在彩色电视机上，日本松下公司保持着这个纪录——4.7个月的留港时间。但这个纪录也许很快就会被打破。

　　我的另一个供职于麦肯锡公司的同事史蒂夫·沃莱克估计，如果在汽车开发过程中使用先进的计算机技术（计算机集成制造技术），开发周期可能会缩短25%，也就是节省18个月的时间。在这段时间里，汽车制造公司可以决定生产哪种汽车。这样，公司就减少了一年半的市场进入时间。与没有使用这项新技术的竞争公司相比，这是一个极大的优势。

　　电脑工程师、通信员、印刷工人、医药学博士、药剂师、作家、农业物资供应商、快餐业主、银行家和保险员、仲裁员和律师、时装设计师、咨询师甚至古董商人，都很容易受到技术变革的影响。不管是现在，还是将来，都存在太多太多的变化，所以，管理人员理所应当重新考虑管理技术的方法——找到解决吉姆·犹他斯基的问题的办法。不过，对大多数管理人员来说，他们真正关注技术已经有三四十年了。

研发的衰落

　　第二次世界大战后，由于像雷达、加密、合成橡胶，当然还有原子弹这些技术的进步，科技的重要性和力量受到高度重视。美国公司想要系统地生产并管理基于这些新技术的产品，于是它们建立了大量的实验室，并让它们发展"有用的科学"。通常，这些实验室距离公司总部都很远，以便给科学家足够的时间去思考，并避免因高级管理人员的干扰而分心。我管这叫作"森林实验室"，有一点嘲笑的意思。那时，公司会议中比较流行这种推理，那就是如果一个公司想要赢得市场，就需要投资建立自己的实验室。在第二次世界大战中，美国借助洛斯阿拉莫斯实验室和橡树岭实验室的帮助取得了军事上的胜利，所以，公司建立的实验室应该以这些实验室为样板，在此之上做一些必要的改变。这样，公司就可以让最好的科学家在实验室里工作，等待实验的结果和随之而来的利润。

然而事实并没有按照计划发展。公司几乎没有给予实验室明确的指示。科学家和营销人员、生产人员之间的互动不够充分。实验室没有支出管理，通常也没有总体产出管理，这可能是因为实验室领导经常直接向CEO报告。事实上，技术努力没有推动商业的发展。在《财富》杂志上，有篇文章把一个独立研究中心的实验室描述成"每周在'豆袋室'中召开一次会议，整个会场喧闹不堪，人们斜靠在昂贵的椅子上，在不切实际的概念上争执不下"[①]。当然，也有一些建在工厂中的实验室，它们关注改进产品的生产过程，关注解决产品的服务问题。但是新成立的"森林实验室"并不太关注这些问题。

截至20世纪50年代末，事实已经变得很明显，"公司通过发展技术就可以轻松获利"这一预言并没有实现。研发部门变为防卫性的孤立的存在，其影响力也大大降低。

1960年，哈佛大学的特德·列维特发表了他的经典论文《营销近视症》，实际上这篇文章的主要意思是说，"我们已经忘记了消费者的需求。我们应该回去与他们进行沟通"。的确，这是一个正确的分析。营销时代到来了，并随之带来了技术管理的第二阶段，而这个阶段最恰当的名字可能就是"营销就是答案"。其背后的思想就是，如果公司能理解消费者的需求，它们的竞争力就会增强。

---

① 布罗·乌塔尔（Bro Uttal），《施乐公司的独立实验室》（*The lab That Ran Away From Xerox*），《财富》，1983年9月5日。

很明显，营销占据着上风。负责研发的副总裁，不管什么时候被问起，都要回答说："是的，我可以很快开发出想要的产品，并且成本低廉。"营销推动着策划、绩效评价和管理活动的进行。在这个时期，我们已经开始努力系统地处理消费者的需求，至少是消费者已经表达出来的需求。人们认为市场调研是重要的，并给予足够的重视。公司应用几百种不同的技术搜寻消费者真正想要的产品，然后把这种需求交给研发部门，期待研发部门开发出消费者想要的新产品。这些就是营销理念，在这种理念中，经常会利用广告公司来开发新产品，但对广告公司却没有知识和技术方面的要求。

随着经营理念从技术驱动转为市场驱动，CEO和研发部门之间的关系必然变弱。技术预算成为常规预算的一部分，甚至成为营销预算的一部分。研发领导在组织链中的地位下降了，所以很多情况下，"在研发领导不在场的情况下，销售人员就自行决定了一些重大的事情。并不是因为这些人是权谋政治家，而是因为除了研发人员，销售人员通常都在同一个地方，而研发人员正在远离公司总部的实验室中"。

在这个时期，消费者接受的新产品越来越多。确实有一些产品的改进是真正的进步，也有一些改进的效果不明显，例如条纹牙膏、越来越大的汽车。不幸的是，因为每家公司都做了同样的改进，所以，所有公司都无法通过这种改进提高利润。在热切地寻找消费需求的过程中，公司忘记了用唯一的、能够保护竞争力的方法满足这些需求。因为它们无法保护自己的新产品免受竞争性模仿的冲击，所以无法赚取利润。

不知道为什么，人们把这些问题归因于技术，而这样只会让公司更加陷入困境。在20世纪60年代的时候，"重视技术"并不流行。公司大规模削减研发预算。博士们都去开出租车谋生，公司开始通过多样化经营寻找新的商业机会。兼并时代到来了。

只有几个公司例外，例如IBM、通用电气公司、杜邦公司、孟山都公司、联合技术公司和花旗银行。它们比绝大部分公司都更聪明，它们意识到问题不在于技术，而在于引导和管理技术的方法。它们意识到，要想成功，不能做是或否的选择——技术或者营销。它们必须满足消费者的需求，但所使用的方法必须能够带来持久的竞争优势。而技术就是满足这个要求的方法。它们没有贬低或孤立技术，而是把它融入主流业务中来，利用所有的技术潜力打败竞争对手。

于是，它们发现自己已处于第三阶段。在这个时期，技术被看作是获取并维持竞争优势的手段。技术经理又一次成为销售人员中不可缺少的一分子，帮助销售人员根据整个公司增加的需求来确定、管理并控制研发预算。公司"战略性"地管理技术。随着更多的公司熟悉这种方法，它们发现这种方法的效果要好得多，因为它更关注用具有保护性的新方法满足消费者的需求。但是，即使这种管理技术的方法明显比以前的方法好，但它仍然没有给出全部的答案。领袖级公司仍然会失败。它们被拥有新技术和高成本效益产品的公司所取代。在技术连续变化或发展的时期，管理技术的战略方法会起作用。但是当公司开始使用这种方法时，我们已经进入了现在所处的时期，即迅速而间断地变化的时期。

断层管理

现在，公司需要进入第四个阶段，即"断层管理"。它需要我们明确技术绩效，并对其进行测量。这涉及投入和产出两方面。它还需要我们寻找并理解替代方法，以及替代方法的极限。组织和管理公司的方式会影响公司的企业文化和员工，但在这个阶段，这两者都有可能发生巨大的变化。目前有一些管理系统正在探究这种做法，而一些公司已经开始使用这种管理系统。根据《金融时报》的报道，德国汽车生产商宝马汽车公司"正从新车的研发部门中分离出研究部门。汉斯·哈根（Hans Hagen）是一个科学家和研究主管，这个过程就是由他命名的。他指出：'立法会对汽车工业的发展施加影响——例如尾气排放控制规则，而在立法的过程中又有如此多的事情，所以最好把研究部门分离出来。政治和一般需求对开发功能施加了过多的压力，所以研究存在被挤压的危险。'宝马汽车公司为了保证能进行长期的必要研究，正在着手成立一个新的'W'部门（Wissenschaft为德语，科学之意）。'但我们并不是要建立一个学术协会——所有的研究工作都必须以产品为导向。'"①

即使是市场领袖，也需要改进技术管理的手段，以保持竞争力。在所有这些改革中，最重要的一点是理解现行技术的极限。

① 《为什么宝马公司没有受到市场份额下降的困扰》，《金融时报》，1985年8月12日，第6页。

03

第 三 章

极限主义者的经验

—— // ∧ \\ ——

我与一个美国水手搭讪，问他为什么他们国家造的船使用时间都很短。他毫不犹豫地回答说，航海技术每天都取得如此大的进步，即使最好的船，没使用几年就会变得没什么用了。

——亚历克西斯·德·托克维尔（Alexis de Tocqueville），

《论美国的民主》，1840年

理解极限

1963年，在100米短跑中，鲍勃·海耶斯（Bob Hayes）（美国达拉斯牛仔的后裔）的速度达到了每小时28英里（约合45千米），这是人类有史以来有纪录的最快速度。还有人会跑得更快吗？目前，没有人知道这个问题的答案，因为我们不确定是什么限制了跑步的速度。关于这个问题的相关讨论还是挺多的，最核心的观点是，在短时间内腿部肌肉能释放多少能量是最重要的，因为通常人们认为，短跑运动员把腿从后面伸到前面再放到地面上的速度是有极限的。而肌肉释放能量的速率限制了这个极限。肌肉释放能量是由大脑电脉冲触发的化学过程。大脑产生的电脉冲越快，最终肌肉释放能量的速度就越快，运动员的力量就越大。问题是我们不知道什么东西限制了大脑脉冲，因此，我们实在无法说明短跑运动员究竟能跑多快。

同样的分析也被应用于长跑，但限制长跑的因素不再是大脑脉冲触发频率，而是位于人体"蓄电池"中的能量。人体蓄电池燃烧糖原（一种长链葡萄糖分子），这与车中的电池是不同的。人体蓄电池通过不同的化学反应被充电，而这些化学反应是从消化淀粉、脂肪、酒精和糖开始的。运动科学家通过了解这些化学反应，来推测马拉松运动员将来的跑步速度会比现在快多少。一些科学家认为在未来25年中，用两小时跑完全程是可能的——比现在的纪录快10分钟。

理解极限对商业家与对运动员同样重要。20世纪50年代末，IBM意识到他们遇到了一个严重的问题——一个极限问题。如果他们继续使用现在的电脑芯片组设计方法，芯片会运行更快，但同时会产生过多的热量，无法使计算机保持低温，也就无法保证计算机的运行效率。意识到这一点，IBM开发了一套全新系列的电脑芯片，规避了由过多热量引起的极限。IBM的360系列计算机非常成功，其核心就是这种新芯片。

之后，IBM曾经把制造空调芯片的新方法作为于20世纪70年代后期上市的4300和于20世纪80年代早期上市的308X系列计算机的设计基础，这两款设计都取得了巨大的成功。IBM决定探究新方法的关键就是理解现有科技的极限。

一般来说，人们并不认为欧文斯科宁玻璃纤维公司是一家高科技公司，但他们同样重视理解技术的极限。

就像他们在1984年告诉我的那个故事：

几年前，因为技术进步速度过慢，我们开始担心自己的一款产品可能已经没有什么发展前景了，于是开始考虑削减研发费用。另外，两款具有竞争力的产品已经抢占了我们的市场份额——一款产品具有特殊的功能，消费者愿意为这种功能支付更高的价格；另一款产品主要得益于外观上的优势——而且我们也不确定它们还能进一步抢占大的市场份额。于是，我们决定同时研究自己的产品和竞争产品的技术极限。

在我们生产产品的相关技术中，哪些对消费者是最重要的？我们的研究就从努力得到这个问题的明确答案开始，然后我们从理论和实际两方面确定这些因素的极限。对于一些因素，我们发现自己具有丰富的知识，如果再努力一些的话，就有可能确定那些极限。事实上我们发现了巨大的技术潜力，并且在成本增加不严重的情况下，想出一些办法来挖掘这些潜力。我们发现对于其中的一个因素，由于过去一直依赖于对这个材料固有性质的经验性理解，实在无法确定其极限机制，于是我们开始研究结束这种状况的办法。同时我们也在研究与我们竞争的产品，确定它们的技术极限。对于难以穷尽的竞争产品，我们发现它们的技术因素与我们的产品是相同的，但是这些因素的极限不同。这个发现给我们提供了一系列针对自己产品的研究目标。对于特殊性的竞争产品，技术因素本身就存在差异。

"我们发现，一些技术性能决定了我们产品的价值，系统地识别鉴定这些因素，并清楚地掌握影响这些因素的原理，这两个条件对我们找出研究方向非常有帮助。我们加快了研究速度，缩小产品实际性能和极限之间的差距，以及我们的产品与竞争产品之间的差距。"[1] 由此可见，极限对商业是非常重要的，无论这种商业是高科技还是低科技的。

极限的重要性在于它可以预测商业前景。例如，从S曲线中可以看出，当技术接近极限时，进一步开发的成本将迅速提高。这意味着

[1] R. N. 福斯特等，《提高研发的利润率》（*Improving the Return On Research and Development*），产业研究学会（Industrial Research Institute），1984年9月，第16页。

公司必须以更快的速度增加技术投入，以便与市场上的技术进步保持同步，否则，它就不得不接受越来越慢的进步速度。如果公司的变化率较低，在遇到竞争时的损失会更严重，价格和利润就会下滑，因为已经接近极限了。这两个选择都预示了更艰难的商业前景，所以，它们对商家都没有吸引力。接近极限说明，通过提高技术来提高业务的所有重要机会都已经被使用过了。如果想要业务继续增长并取得进一步的成功，那就必须期待技术外的功能性技巧——例如营销、生产或采购。换句话说，如果已经达到了一项技术的极限，成功的关键就在于业务的变化了。那些曾经解释了以往成功的行动和策略，并不足以解释未来的成功。事情必须变化。断层已经发生了。一项技术的老化，即接近极限，使竞争者有机会追赶公认的市场领袖。如果竞争者能够更好地占有未来成功的关键要素，他们就会战胜市场领袖。

大船的经验

"托马斯·W. 劳森号"是一个引人注目的例子——一个处于极限的技术受到市场冲击的例子。在"劳森号"航行之前的50—60年间，帆船显然达到了它们的极限。最快的帆船是"海洋君主号"。在1845年从伦敦到悉尼的一次航行中，它的速度达到了22海里/小时（大约41千米/小时）。在19世纪50年代，其他船只的航行速度并不比"君主号"的纪录慢太多。"詹姆斯·伯恩斯号"在1856年从墨尔本到利物浦的航行中，速度达到了21海里/小时。"挑战者号"在1854年5月从罗克兰、缅因到纽约的航行中，速度达到了20海里/小时。很明显帆船的航行速度没有提高太多。

这一案例能放在这里讨论，其背后的原因是航程、船的速度和机动性之间的关系。这些船的速度均受它们的航程、船体形状、排水量和长度的影响。一些观察者认为，1850年的船与其100年前的船相比，唯一的差别就是船身的长度。就像H. I. 夏贝尔（H. I. Chapelle）在他的著作《用帆船追求速度》中所说的，"……19世纪50年代，快速帆船航行速度的增加，得益于其船身大小的增加，特别是长度的增加，而这些技术在1830年和1850年之间就已经成熟起来了。之后发展的重点就在于建造手段，允许木船修建到一定的长度，以拥有足够的纵向力量防止变形"。[①]假设帆船必须保持灵活性，那么大约到1850年，它们已经达到了自然速度的极限。这就是"托马斯·W. 劳森号"失败的原因，因为人们在设计它时试图超越这个极限。

帆船本身和其航行速度都存在极限，这个事实反映了一个重要的观点。如果一个人懂得背后的科技原理，就可以估计极限值。因此，如果人们知道极限存在，并且确切地知道极限值，就可以确定S曲线的预测度；否则，便无法确定S曲线的预测度。而只有拥有确定的预测度，S曲线才能发挥作用。

如果某人知道，某项技术已经没有多大潜力了，技术改进的成本将急骤提高，而另一项技术有更多的潜力（即与它的极限相差很远），于是这个人就会推断，这两种技术之间的竞争是不可避免的，技术断层随着竞争而出现可能就只是时间问题了。确实如此，帆船就是这样的一个案例。那个时候还有其他可选的航行方式，包括大约在1840年首次亮相的蒸汽动力，甚至是于1894年与英国"涡轮号"（图3）一起亮

---

① H. I. 夏贝尔，《用帆船追求速度》（*The Search for Speed Under Sail*），纽约：诺顿，1967年。

相的涡轮动力。众所周知，这些船的速度极限都比帆船的速度极限高很多，因此断层大概是不可避免的了。"托马斯·W.劳森号"从构思、建造到投入商业运作，都是在违反这个背景的前提下进行的，这就注定了它的失败命运。

图3　英国"涡轮号"，1894年

一个涡轮机的实验，在军舰设计师停止设计新帆船的前几年，几个知名的新技术威胁着商业帆船市场，而"涡轮号"就代表着其中的一项技术。

寻找极限

所有这些都有一个假设，那就是我们知道自己在寻找"什么的极限"。就像欧文斯·康宁所说，那个"什么"就是"消费者最需要的产品技术"。这种思考方式把可测量的"技术因素"与影响消费者购买决策的重要因素联系起来，而这种可测量的技术因素，就是产品或生产过程的可测量的属性。通常情况下，向经验丰富的工业企业出售产品不存在什么困难，因为供给双方都关注这些性能。例如，一个喷气发动机的燃烧效率或一个化学制品的纯度。但是如果公司是向个体消费者提供产品，理解这些关系就有些困难。如何测量衣服的干净程度？我们在家里使用的测量方法与科学家在实验室里采用的方法一样吗？我们真的测量了"干净度"，或者它的"亮度"，或者"新鲜的气味"，或者"弹性"吗？所有这些都是"干净"衣服的属性，而这些属性可能与衣服中有多少污垢没有任何关系。又或者尿不湿的例子是怎么样呢？消费者如何评价这些（属性）？用吸水量评价？用干燥度评价？还是用舒适度评价？公司需要找到所有这些复杂问题的答案，因为消费者对这些因素的偏好不同，于是产生了实验室中的混乱。此外，一旦消费者说明了他的偏好，可能也很难用技术术语测量这个偏好。例如，"舒适"意味着什么？"舒适"的界限是什么？很明显，如果消费者想要的属性不能用技术术语表达出来，也无法找到技术的极限。

消费者对更多属性的需求，可能是属性水平的函数。对这个问题的认识，把"什么的极限"这个看似简单的问题复杂化了。例如，在20世纪50年代的洗衣粉大战中，宝洁公司和它的竞争对手都在争相生产一种可以使衣服"最干净"的产品。不久，事实表明，衣服洁净度达到前所未有的水平。污垢被清除了，但是衣服却显得灰暗，而消费者就把这种外观与污垢联系起来了。实际上，灰暗的外观是由裂缝和磨损的纤维引起的，但是消费者无法鉴别表面上看起来很神秘的技术细节。宝洁公司不去与消费者争论，而是决定利用他们的视觉误差，在洗衣粉中添加"视觉光亮剂"，即那些反射光线的化学制剂。这些光亮剂被添加到洗衣粉中，并在清洗衣服后留在衣服上，它们使消费者觉得衣服颜色更亮，因而觉得衣服更干净——即使事实上衣服的干净程度并没有变化。

消费者喜欢这样。他们购买了所有可以买到的汰渍牌洗衣粉，以便使他们的衣服"干净"——而那只不过是视觉上的鲜亮。然后，宝洁公司提出这个问题："如果消费者喜欢鲜亮的衣服，难道我们不能使衣服更鲜亮些吗？"的确，他们能够做到，他们也是这样做的，于是宝洁公司销售了更多的洗衣粉。公司又一次问起这个问题，技术部门又一次成功地使衣服从视觉上看起来更鲜亮。但是到目前为止，宝洁公司已经超过了这一项目的极限。他们超过的极限，不是视觉鲜亮程度的极限，而是感知鲜亮度和清洁度的极限。公司过分地满足了消费者的需求，但其实更多并不代表更好。因此，虽然从生产者的角度看，技术上还没有达到极限，但从消费者的角度考虑这个问题时，却已经达到技术极限了。

性能参数的另一个复杂性在于它们总是不断变化。通常情况下，引起这种变化的原因在于消费者对产品现有性能水平的满意度，就像我们在前面讲的视觉鲜亮度的例子。这通常引起消费者追求的东西发生变化。他们不再满足于单纯的视觉鲜亮，现在他们还想要"弹性"或者"新鲜的气味"，于是竞争的基础也发生了变化。性能参数的变化也有可能是由社会或经济环境的变化引起的。例如，新的环境法（要求洗衣粉能进行生物降解）、能源价格的变化，或者在目前还没有可与之竞争的新产品的出现，例如，压缩音频磁盘或高清晰度电视。这些性能因素的变化，会促使研发人员和工程师为开发新产品而设置一套新试验标准。但他们通常不这样做，因为这样做既要花费较多的时间又要付出高昂的成本，并且很难彻底地全面考虑存在的问题。因此表面上看来，保持现状好像更容易一些。但是，当然，这样做会产生严重的潜在竞争危机。

所有上述分析都建立在如下假设之上：公司认为消费者的需求和感受是最重要的。但通常情况下事实并非如此，直到至少一个竞争者进入市场，并向消费者提供具有新属性和更有吸引力的产品时，原来的公司才会开始重视消费者的需求和感受。一般情况下，到那时再采取任何措施都太晚了，除非做出"我也这样"的反应，而这样竞争力就会很弱，而且这种反应除非采取降价的手段，否则，对市场几乎没有什么影响。对于产品降价，消费者喜欢，而厂商讨厌。

如果从现实中讨论这个问题，似乎是说，本来销售人员应该觉察到消费者偏好的潜在变化，但他们并没有特别及时地观察到这个事实。他们宁愿只销售今天的产品。为了贴近消费者，促进公司发展，公司依靠销售人员，但他们往往没有完成任务，因此，公司的系统和结构确定了整体的安排，以便使员工保持同样的做事方法。就像《哈佛商业评论》的编辑艾伦·肯特罗（Alan Kantrow）说的那样，"信息接收机构遵循的准则与我们使用的准则一样死板，因此，我们可能只能得到那些我们预期并想要得到的信息"。这位高级管理人员说，"我做了正确的事，我们正在分析我们的环境。"但是实际上，他只是分析了自己的想法。

即使销售部门和市场部门确实感受到了变化的需要，可能他们也不会把这个发现带回技术部门，供技术部门参考。如果技术部门确实听说了这些变化，但因为其他项目的压力，可能他们也不会做太多努力。总而言之，生产者了解消费者偏好变化的速度太慢。通常情况下，只有在进行特殊的研究，特别是考察消费者偏好变化的研究之后，公司才能确定消费者偏好的变化。所有这些都意味着，要想回答"什么的极限"这个问题，即使是在最好的环境中也很困难，对于正处于上升期的企业就更难了。

领导者的经验

如果能够找到答案，如果公司觉得了解极限确实重要，他们怎样去找到这些极限呢？IBM的首席科学家卢·布兰斯科姆（Lew Branscomb）阐述了他们寻找极限的过程。

在IBM，我们有一个很明确的处理极限的手段。公司的研发机构确定我们所有的重要技术——例如电子逻辑技术，并且保证在每项技术上总有两大在研项目。一个项目的目的在于确定自然对提高现有主流技术施加了什么极限：对电子逻辑技术来说，自然极限可能就是硅电子电路的尺寸。第二个项目的目的在于寻找潜力最大的根本替代技术。还以电子逻辑为例，它的替代技术可能就是Josephenson超导技术（布兰斯·科姆做了这个评论后，IBM减少了在Josephenson联合技术上的研究）或镓砷化合技术。因此，我们通过实证研究，努力获取技术极限的知识，并以定量的方式表示出来，以便更好地理解我们的技术可能达到的极限。

原则上听起来，这个过程好像挺简单，但却可能变得很复杂，尤其如果这个过程所依据的科学较新或较复杂。这个过程可能还需要良好的技术、业务判断以及直觉。贝尔实验室的总裁伊恩·罗斯（Ian

Ross）描述了他关于电子技术极限的想法：

当然，第一个挑战是继续缩小组件元素的尺寸，这主要取决于我们提高平版印刷的能力。在过去的10年里，我们使用可见光，利用光刻法，已经从最小线宽25微米，也就是1/1000英寸，降到现在平均2.5微米的工业水平，即1/10000英寸，接近光波的长度。但是很快就会达到可见光波长的极限了，问题就出现了。据估计，使用可见光和所有我们可以想到的办法，可能达到的理想状态是0.5微米的线宽。然而在实际情况下，最有可能达到的线宽是1微米。

然而我们最后采用的是电子光速平版印刷术。可以预言，界于1/100微米和1/10微米间的线宽是可以做到的，事实上这个预言也确实是可以证明的。

如果达到那个范围，就等于我们要在从10个原子到不足100个原子的空间中处理长度问题。在这里就有人会问，是不是除了制造线宽的能力以外，没有其他的极限了。实际上，其他的极限也是存在的。

限制性更强的挑战是我们得把操作装置做到同样的尺寸。在这里我们发现，硅与其他材料一样，有一个与电介质临界击穿强度相联系的基本极限。就像高压电区域的空气被击穿产生雷电，硅在一定的条件下也会出现这样的现象。硅的击穿强度大约是每厘米100000伏特。因此，制造一个在室内温下操作的设备，需要把它做成适于1伏左右的电压。不考虑适当的安全因素，那就是不小于1/10微米的结构。这样的话就比平版印刷更受限制。

如今，人们在实验室中制造出长度为临界值——0.1微米的硅晶体管，并应用于实际操作中，而且证明了它可以就像理论中那样进行工作。因此，我们有可能实现最小长度为0.1微米的结构，在这个长度内，大概有100个原子左右。这样的话仅在1平方厘米的硅芯片中，就会有10亿个元件。这样就不是很受限制了。

但是罗斯接着解释说，还有其他更重要的因素限制着在一个芯片上可以放置的元件个数（芯片上的元件个数会影响芯片的性能）。这些限制因素包括现在使用的轻便型印刷电路。硅作为芯片的原材料，其原子结构是一个更基础的极限。罗斯接着指出，约束力更强的极限是"连接"这个老问题。

到目前为止，我的讨论只考虑了元件本身，它实际可以达到的最小值大约是计算出的最小值的三倍。其中不包括连接这些元件的载流导体，而载流导体会给设备带来额外的电量。为了使芯片上的元件绝缘，元件间必须保持一定的最小距离，目前的讨论也没有包括这部分最小距离。如果把这些因素都考虑上，一个更实际的极限上限应该是每平方米1亿个元件。

目前，我们已经考虑了元件的最小尺寸以及芯片上的元件密度，那么将来芯片本身的尺寸又会增大到什么程度？每个芯片的面积会是多少平方厘米？这个问题的最终决定因素在制造控制方面，也就是元件可以达到的最小尺寸和控制不合格产品概率的能力。如今，面积大约是1平方厘米的芯片比较有竞争力。有预测说，芯片的尺寸可以做到硅晶片那么大，即所谓的"圆片规模"。这样，芯片尺寸就必然会增大。我认为，在可预见的未来，这种芯片一定会出现。

因此，现在，我只能估计芯片可达到的最大尺寸是10平方厘米，大约1平方英寸。在这种情况下，再加上每平方厘米1亿个元件的密度，最终可以达到这样的目标，就是在一个硅芯片上放置10亿个元件。一个令人吃惊但很难视而不见的结果。（这就好像在一个每侧面积不超过1英寸的芯片上装了1000台IBM个人计算机。我们可以在家里拥有一个大型空间装置或一个银行系统的计算机功能。可以使用这样的设备播放视频或合成语音。）

如果我们接受极限的复杂性，接下来就必须考虑这些设备可以达到的最大速度。很明显，随着元件变小，元件运行的速度加快。最终的运行速度极限由电子进入硅的最大速率决定。如果清楚这些，当然就会明白时间等于距离除以速率。正常情况下硅中电子流的速率大约是1千万厘米/秒，或者说是光速的1/1000。所以，如果给定先前讨论的最小长度，也就是0.1微米，就可以很容易地计算出一个交换器的最终速度大约是1/1000000000000秒，1微微秒（秒）。（1微微是非常短的时间。说得明白点，假设宇宙的寿命大约是100亿年。1微微秒相对于1秒，就是2.5天相对于宇宙寿命！确实不长。）

在这个过程中又需要考虑一些电路的极限。负载容量不仅由元件本身决定，元件间的连接也会对它产生更重要的影响。当把这些因素都考虑进来以后，对运行速度更现实的估计是10微微秒，也就是10^{-11}秒（大约相当于宇宙寿命中的1个月）。

详细讨论了所有的物理和数学原理后，我们得到了这个惊人的结论：在大约1平方英寸的芯片上制造包含10亿个元件的硅集成电路，并且每个元件的运行时间短到仅仅10微微秒，而且实现这个目标，并不存在本质上的障碍。[1]

---

① 伊恩·罗斯（Ian Ross），《半导体技术极限》（*Limits of Semiconductor Techndogy*），蒙巴顿第六演讲，伦敦，1983年11月。

事实似乎明确地说明，贝尔实验室修正了伊恩·罗斯所宣称的速度极限。正如罗斯所说，转换速度的极限受制于电子在硅中运动的最快速度，而这个速度取决于它在穿越的过程中撞到的硅原子的个数。如果撞不到任何原子，电子穿越硅的速度会更快，超过罗斯预言的1000万厘米/秒。电子穿越硅的实质，就像子弹无限制地在空中飞行，直到击中目标。在这种情况下，电子就是按"弹道传输"机制运行，根据这种现象制造的设备就称为"弹道晶体管"。贝尔实验室已经对弹道晶体管进行了计算机模拟，发现它的转换速度可以达到10微秒，比罗斯预言的最快的晶体管快100倍。日本人已经意识到这个发现的重要性。日本电子巨将富士通公司在1986年春天生产了一个商业弹道芯片，并应用到卫星通信的低噪音放大器上。

极限机制

罗斯的讨论提供了一种思考方式。他谈到了一些基本原则，这些原则会使进步最终停止，我把这些原则称为极限机制。极限机制定性地描述了会使进步停止的原理，就像可以产生雷电的空气穿透现象一样。如果极限机制的科学基础是可以理解的，那么，能否识别它们就取决于理解科学基础的科学家和工程师。如果科学基础是不可理解的，就需要通过集中的实验发现极限机制。研究的目的是找到极限，不管研究会带来好消息还是坏消息。找到极限就是成功，找不到就是失败。但失败并不是没有找到我们想要的极限。研究人员取得进步有两种方式：一种是全面彻底地考虑问题，一直到最终的问题，也就是最终的极限所在；另一种是以现有的技术为起点不断进步，从概念上

来说，就是不断地解决问题，或者判断问题能否解决，直到遇到不可
解决的问题，当然前提是他懂得基本的科学。所以，他会以科学为起
点往后后追溯，或者以技术为起点向前追溯，并在此过程中不停地判
断，直到他理解了位于任何技术进步之上的极限网络。

伊恩·罗斯是一位经验丰富的杰出科学家，他在这个问题上做得
很好。他非常清楚哪些是商业问题，并且通过研究产品的生产方式来
了解每种产品所受的限制。他在研究技术极限方面非常有经验，这种
经验是其他人不具备的。所以，他就是一个极限主义者，就像我们定
义的那样。

你自己试着去做个试验吧。看看图4中18世纪的旋转装置，人们
希望这个聪明的装置一旦开始旋转就可以永不停歇。A点的铅球沿着
斜面B滑下，直到落到槽C中。在落入的那一刻对臂D产生作用力，导
致轮子中心的轴开始旋转。轮子另一边的球被升起来，直到一个球到
了A点的位置。这个过程就这样开始并永远重复下去。

但是这个机器根本无法按照预期进行工作。为什么不能？在继续
阅读之前再看一下图片。

有两个答案。首先，轮子要把球提到比C点高的A点，就像把水
运上山，没有外部能量是不可能的。第二，就像图4所示，轮子右边
有两个球，它们要使左边的5个球升起来。但这是不可能的，因为两
个球显然比5个球轻。机器一旦开始旋转，很有可能转向与设计初衷
相反的方向。

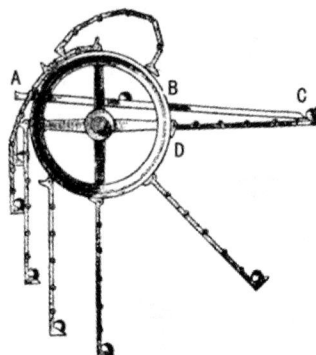

图4　一个18世纪的永动机

乔治·立顿（George Lipton）设计，并期望它会永远旋转。但它并没有，它也不能。

资料来源：海顿、约瑟夫、W. J. G，《永动机》，纽约：圣·马丁出版社，1980年。

即使你具有技术教育背景，可能也无法立即找到答案，或者需要一些时间才能找到答案。而伊恩·罗斯一眼就看出了问题。他已经习惯于寻找极限机制，而我们中的大部分人却没有这个能力。每个公司都有极限主义者，这些人可能具有非常重要的价值。但是公司并不知道这些人是谁，因为他们没有寻找这些极限主义者。

没有极限主义者的代价高昂，上文讨论的永动机就是例证。设计者希望永动机能生产比它们消耗的能量更多的能量，进而不需要任何外部能量。如果我们拥有永动机，就不再需要石油、煤、水能或者核电厂，也不需要提供这些能源的公司。

事实上这类机器不存在，因为它们不可能存在，它们违反了物理学定律。就像两个球不可能举起5个球一样，永动机根本无法工作。虽然事实是这样，但仍然有很多人不承认极限存在的事实。他们兴致勃勃地筹钱，以便深入研究。

（美国合众国际新闻社UPI）1984年12月14日，一个密西西比人自称发明了能产生能量的机器，于是三个加利福尼亚人和这个密西西比人达成协议，出价1000多万美元购买这个机器。这三个加利福尼亚人称，这个设备将成为"历史上的里程碑"。密西西比州的约瑟夫·纽曼说，他花了19年时间来制造能以最低的成本提供家庭和商业能量的样机。纽曼说这个机器利用电磁不断地产生能量，它能释放出的能量至少是投入量的10倍。于是他说，这个机器能释放出无穷的能量。

不用多说，如果不是因为纽曼先生的机器很有可能违反了物理学定律，即使它的价格再高，都一定会有市场。忽视事实不会改变事实。这对报道上说的那三个出价"1000多万美元"的加利福尼亚人也是一个打击，他们中的一个人曾经说"世界上没有力量能让它停止。试想一个没有核反应堆的环境，没有石油、煤和天然气的环境。它将成为历史上的里程碑"。这种投资者的智商不会改变物理定律，也无法使机器超越极限而运行。

另一个来自美国合众国际新闻社的故事发生在1981年2月7日，报道说德州法院宣判阿诺德·伯克（Arnold Burke）没有伪造证据。伯克发明了一个他称之为"耶利米 33∶3"的发电机，其根据是《圣经》记载的，"来找我，我就会回答你，并且会向你展示伟大的东西，不管你知道还是不知道"。这个案件由德州检察长办公室提起诉讼，他们认为伯克有欺骗性贸易行为，因为伯克在检察长办公室发誓说，那个发电机可以在没有任何外部能源的情况下发电。在审讯的过程中，德州检察长办公室的官员说，他们发现耶利米通过一根隐藏的电线与另一个屋中的电池相连，而那个电池直接与电源插座连接。伯克为自己辩护说，他卸掉了特定的动力泵，并安装电力装置，这样做是为了对机器进行测验，以保护他的机器，因为他的机器还没有获得专利。陪审团还找到了他不是伪造证据的一个似乎合理的依据。

伯克永动机的核心是一个不需要能源的防水泵，伯克称，利用这个泵，水可以不停地围绕一个发电涡轮机旋转。水从一个200加仑的储水池中流出，流经一系列管道，绕过涡轮机，最终流进一个机器底部的收集箱中，而这个机器有12英尺高。涡轮机为这个机器提供动力，把收集的水再推送到顶部的储水池中，开始新的循环。如果这个机器工作的话，利用涡轮机提供的额外动力，每个月可以生产3000千瓦小时的能量，比一般规模的家庭取暖需要的热量还多。

在不相信永动机的人看来，这些规避物理学定律的尝试通常都很有趣，有时也很好笑。想想那些研究永动机的人，虽然他们使用的方法不值得认真考虑，但他们确实是在努力解决一个重要的问题。他们确实一直在努力寻找绕过极限的方法，而这种行为是非常有价值的。一旦我们知道了极限是什么，能够找到避免极限方法的人就是"极限突破者"，是很有价值的人。

极限突破者

杰克·基尔比解决了一个极限问题，并因此发明了20世纪最伟大的产品之一——集成电路。这个事件的背景是1958年末，晶体管时代开始的7年之后。晶体管是真空管的替代产品。虽然晶体管是微型器件，但德州仪器这种新兴公司正是依靠这种微型器件发展壮大的。这些微小的电子元件刺激了每一个人对未来产品的预期——这种超微缩元件可以让大批消费者都有机会使用电子产品。

但是这里有一个极限问题。为了使设备运转，必须用金属丝把这些元件连接起来。设备功能越复杂，元件就越多。但是怎样把这些元件连在一起？低音收音机只包含几个元件，因此，连接方法可能非常简单。但是无线电话非常复杂，需要很多元件。贝尔实验室负责电子元件的副总裁杰克·莫尔顿提出这个问题："为了制造一个完整的系统，必须在一段时间内生产、测试、包装、运输、拆包、重新测试每个元件，并把这个元件与另一个元件连接起来。要保证整个系统能正常运行，每个元件及与其相连的部分都必须正常运行。"如果我们必须用一些独立的元件制造大型系统，就形成一个"大型系统难题，也就是阻碍未来进步障碍（极限）"。[①]

许多公司都努力寻找绕过这个极限的办法，当然德州仪器也不例外。德州仪器公司曾经认为，把每个元件做成标准的尺寸，这样可能会有所帮助。事实上，这种方法作用并不大，并且遇到了同样的极限问题。设备越复杂，连接工作就越多。他们所需要的就是一个"啊哈"。

常年为《科学美国人》杂志供稿的一位写"智力题"式文章的作家马丁·加德纳（Martin Gardner）提出了这个"啊哈"经历。这种经历，实际上就是当你从一种全新的角度看待一个问题时所发出的感慨，一种能够给你全新启示的方法。它也是你看到事物的另一个侧面的那个时刻的表现。就像著名的生物学家塞特-乔伊（Albert Szent-Györgyi）曾经说

---

① T. R. 里德，《芯片：微电子学革命及其制造者》（*The Microelectronics Revolution and the Men who Made It*），纽约：西蒙舒斯特出版社（Simon and Schuster），1985年。

的，"发现包括两部分，一部分是观察每个人都已经观察到的事实，另一部分是思考其他人没有思考过的问题"。那就是"啊哈"经历。

德州仪器公司的年轻工程师杰克·基尔比，在解决连接问题上有不同的思路。他观察到，硅是晶体管的原材料，同样也可以用它做其他元件的原材料，但用硅制造其他元件会使成本增加。基尔比说："虽然用硅做原料制造其他元件会增加成本，但是通过这种方法，我可以不用金属丝就把所有的元件连在一起。那又该如何看待这个问题呢？"没有金属丝，确实是这样的！（啊哈！）再也没有独立的元件，再也没有测试和再测试，再也没有包装和拆包，再也没有"大型系统难题"，因为不管这些元件原来有多复杂，现在都合为一体。问题解决了。杰克·基尔比就这样发明了集成电路。

基尔比的故事比大多数其他突破极限的故事都更具戏剧性。不过，基尔比的经历还是比较具有代表性的。他们痴迷于极限问题，探究根本的替代方法，当然这些替代方法本质上都必须是简单的、简洁的（用一种原料制造所有的东西）并且最好是低成本的。他们不是通过重复运用同样的原理（把金属丝做得更细一些，减少连接在一起的元件数量）解决问题，而是借鉴其他领域的知识，所以我们可以看到，极限突破者通常都来自其他领域。确实，这就是极限突破者的优势。他们不会受到落后的传统方法的限制。因为随着他们的成功和新技术的出现，继续进步就需要更多的新技术。他们也不会因为需要利用日渐减少的资源而受到限制，他们可以自由选择最有效的新资源。创新者——在商业领域称为进攻者——在极限突破者获得"啊哈！"经历的同时获得了优势潜力。

了解极限分析的极限是很重要的。我能想到的这种极限主要有两种。第一种是当技术接近极限时，并不意味着没有技术进步空间了，而是在这项科技上没有更大的进步空间。也并不是说目前不存在替代技术，或将来也不会出现替代技术。这里的替代技术指的是特定的替代技术，它们既可以满足消费者需求，又具有很大的改进空间。其实大多数情况下都存在这样的技术。回想一下当尿布受到关注的时候宝洁公司采取的措施，他们解决这个老问题的办法就是使用全新的技术手段。有传闻说他们计划再一次进行技术替代，使用一种超吸收性的材料，以使尿布可以吸收更多的水分。因此可以说，通常情况下做任何事情都会有新办法。

问题是，即使达到了一项技术的极限，仍然有其他技术可以更好地满足消费者的需求。如果有替代技术，并且这种替代技术成本较低，那么竞争者的竞争方式就会发生改变。

第二个就是对极限是什么做出错误的判断。如果一个人对极限判断错误，就很可能得出错误的商业结论，认为某些事情是可行的，可实际上这些事情是不可行的，或者在某些事情是可行的情况下判断这些事情是不可行的。当然，过去有很多这方面的著名故事，在今天看来，人们可能觉得这些故事滑稽可笑。例如，大约在1900年，"终结号"（*fin de siècle*）上的著名航海员西蒙·纽卡姆（Simon Newcomb）说："对作家来说，已知物质不可能结合在一起的论证过程，就像已知物质不可能结合在一起这个结论一样清楚明了。所谓'已知物质'，就是机械和力量的已知形式，人们可以通过一个实际的机器把这些机械和力量结合到一起，人们可以乘坐这个机器在空中飞行很长的距离。"两年以后，也就是在1902年，纽卡姆又说："乘坐比空气重的机器飞行即使不是完全不可能的，也是不可行的、没有意义的。"

第二年怀特兄弟成功发明了"雏鹰号"，用事实验倒了纽卡姆的论证。

另一个例子是诺贝尔物理学奖获得者罗伯特·密立根（Robert

Millikan）博士，他在1923年说："人类不可能把原子中蕴含的能量释放出来。"这样的例子数以百计。这些科学家（他们对自己专业之外的领域可能并不了解）使用极限论据使他们自己和其他人相信完全错误的结论。他们误用科学，缺乏远见，或者说缺少看到约束的能力。他们很可能因为使用了"大系统难题"理论，才在晶体管微型化潜力的这个问题上得出了错误的结论。

计算极限是一项重要的工作，但这个任务可能很困难。要计算极限，我们需要知道我们不知道什么，并且要与我们知道的事情一样多。（纽卡姆知道自然定律限制飞行吗？密立根知道不存在能释放能量的元素吗？）它需要基于实验的事实，需要严密的逻辑以排除其他可能性。总之，找到极限是一项非常有挑战性的脑力劳动。但是就像IBM的例子表明的那样，一旦找到极限，它就是一个非常强大的竞争武器。

彼得·布兰卡泽（Peter Brancazio）以跳高为例子论证说："许多科学家相信，从最大肌肉力量、骨骼压力和骨骼力量等方面进行考虑，跳高可以达到的高度存在一定的上限。如今的跳高运动员可以达到的最大高度，可能已经非常接近这个极限了。在1952—1962年间，跳高纪录从6英尺8英寸提高到7英尺5英寸；但在过去的20年中，纪录只提高了几英寸，达到7英尺9英寸。会有人跳到8英尺的高度吗？我打赌在这个世纪中不会出现这样的运动员。"[1]

布兰卡泽很可能是对的，除非出现这样一个运动员，他使用全新的跳高方式。究竟有没有极限突破可能，这是公司需要科学家回答的最重要的问题。

---

[1] P. J. 布兰卡泽，《体育科学》（*Sportscience*），纽约：西蒙舒斯特出版社（Simon and Schuster），1984年。

The S-Curve: A New Forecasting Tool

S曲线：一种全新的预测工具

—— // ∧ \\ ——

用无意识的低级的金属来替代高级的人类器官，这是完全不可能的。

——法国科学学会成员让·布约（Jean Bouillaud）评论

托马斯·爱迪生（Thomas Edison）发明的留声机，1878年

心脏与心智

1982年12月，在盐湖城的犹他医学中心，威廉·德弗里斯医生给患有心脏病的巴尼·克拉克医生换上了人造心脏。不知道那个心脏是不是金属心脏，但确实是人造的，而且其运行状况良好。从某种意义上说，这个事件的发生，把始于很多年前的该项目研究工作推向了顶峰。从另一个角度来看，这个事件说明，此项技术当时尚处于S曲线的底端，或者位于S曲线的上升部分。透过这件事，那些努力推进S曲线的人就可以观察并理解S曲线了。

这个故事发生在1957年，地点在克利夫兰医院。克利夫兰医院是一个转诊医院，专门医治疑难杂症，尤其是心脏病。这家医院位于克利夫兰市中心的边缘，占地面积100英亩。它共拥有12座建筑物，这些建筑相互连在一起，形成复杂的结构，分布在其所占的100英亩土地上。几内亚的总统塞科杜尔、约旦国王侯赛因、不丹国王、尼泊尔王室成员和沙特阿拉伯国王都曾经在这个诊所就医。

威廉·考尔夫（Willem Kolff）和阿久津哲造（Tetsuzo Akutsu）就是在克利夫兰诊所开始研究人造心脏的。在最开始进行的第一项实验中，他们用塑料袋代替狗的心脏，那只狗利用这个塑料袋心脏活了90分钟（图5）。

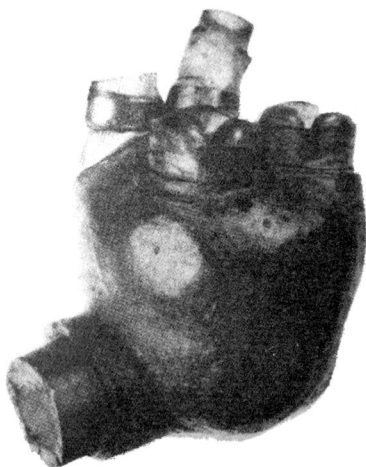

图5　1957年考尔夫和阿久津哲造制造的心脏

接着他们开始用更大的动物进行试验，但是他们最初设计的人造心脏存在两个主要问题。第一，这些人造心脏依靠外界压力送血，但这种压力把很多流过人造心脏的血细胞都压碎了（就是很多医生所说的溶血）。没有被压碎的细胞就会把人造心脏看成是身体的入侵者，于是就把白细胞带到人造心脏，以保护身体。最后血就凝固了，血液停止流动。所以，所有的试验动物在移植了人造心脏后，很快就都死掉了。

医生们尝试用新的设计方法来克服这些问题，但他们付出的努力并没有在短期内取得成功。就像罗伯特·贾维克（Robert Jarvik）医生在1982年回忆时所说：

在接下来的几年里，克利夫兰医院的考尔夫研究小组研制了几种不同类型的人造心脏，这些心脏都由电力带动。他们把这几种心脏移植到不同种类的动物体内。这些人造心脏的润滑装置都不再使用润滑油，而是用5个螺线管代替了润滑油，然后用油压缩盛血的聚氨酯塑料袋。在所有的试验动物中，只有被移植了这种心脏的动物才存活了3小时以上。在另一种由电力驱动的心脏中，电动机带动一个滚轴，滚轴压缩血带软管的外壳，血带软管的内衬是泡沫，以减轻对血细胞的破坏。这种心脏只需要具有血液流出的阀门，但它形成过度溶血，所以试验动物只活了两个小时。在摆式心脏中，一个柱状电动机嵌体交替压缩两个血袋，迫使血流出心室。利用这种设备，有几只狗活了4~6个小时。但这种设备的输血量还是不够，并且会产生大量溶血。[1]

他们还试过其他方法。一种方法是使用核动力推动器送血（见图6），但是这种推动器同样会压碎细胞。另一种方法使用由压缩空气带动的橡胶袋（见图7）。同样，这种装置也会压碎血细胞。克里福德·克恩-格特（Clifford Kwan-Gett）曾经和考尔夫在克利夫兰一起工作，并在1967年和考尔夫一起转到犹他大学。1970年，他利用膜片轻轻地压缩盛血的装置进行送血，解决了这个压碎血细胞的问题。

但是未被压碎的血细胞仍会在人造心脏表面凝固。虽然克恩·格特研制的心脏比考尔夫和阿久津研制的有一些进步，但还不能算是完美。

---

[1] 罗伯特·贾维克，《完全人造心脏》（*The Total Artifical Heart*），《科学美国》（*Scientific American*），1981年1月，第77页。

图6　人造心脏

1975年由西屋电器公司和犹他大学研制。

图7　1965年能势幸彦研制的人造心脏

克恩·格特医生用合成硅作为人造心脏的内部材料（见图8）。另一个研究人员——能势医生，他用自然组织（例如心脏的外部薄膜）代替合成硅，解决了这个问题。这个办法解决了血凝固的问题，但是这种心脏漏血，因为它不适合胸腔的构造。就像在实验的早期经常出现的情况，人们解决一个问题的同时又碰到另一个问题。那就是S曲线开始比较平滑的原因。

贾维克医生是一个很聪明的人，他在高中时就提出了改进缝合伤口的方法。他设计了一个更适合胸腔构造的人造心脏（见图9）。现在，试验动物可以比以前存活更长时间。医生们取得了实质性的进步。贾维克的人造心脏技术开始沿着S曲线走进上升阶段。

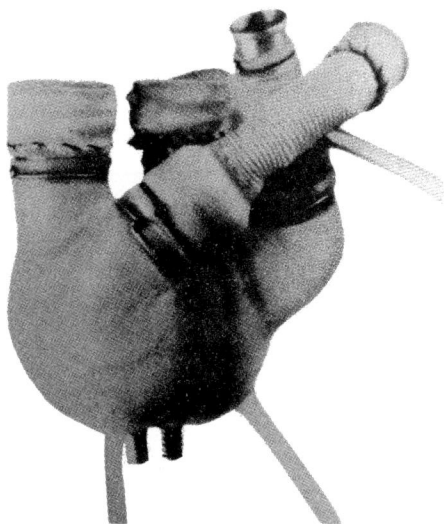

图8　1967年克恩·格特制造的心脏

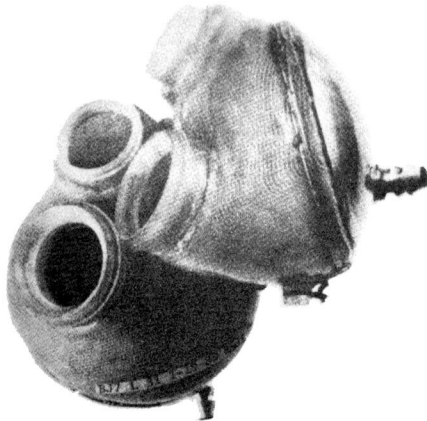

图9　贾维克-7心脏

这时，又一个问题出现了。人造心脏可以延长病人的存活时间，但时间一长，人造心脏上的膜片就会因磨损而坏掉。于是贾维克用莱克拉代替橡胶膜片。莱克拉是用来制造胸罩和腰带的弹性材料。人造心脏必须具有耐损性，而莱克拉就拥有这种性质。人造心脏的寿命延长到了4个月，随后又达到了6个月。再后来，贾维克又用一种特制的橡胶代替了莱克拉，那种心脏的寿命就更长了。

有了这些研究基础，犹他大学和考尔夫医生在1981年2月提交了一份为人体移植心脏的申请。最初，在3月的时候，美国食品药物管理局（FDA）拒绝了这份申请（理由不是人造心脏本身的性能问题，而是担心病人的心理作用对移植心脏产生影响，以及由此可能产生的问题），但最终在5月份，这份申请获得了批准。于是在1981年，德弗里斯为克拉克换上了人造心脏。克拉克依靠人造心脏活了112天后死于肺炎。1984年11月25日，威廉·施罗德（William Schroeder）接受了第二颗人造心脏。就像美国食品药物管理局担心的那样，他虽然活下来了，但是却很抑郁，可他是活着的。

每进行一次试验，人造心脏的性能都会得到提升。如果用病人移植心脏后的存活期衡量人造心脏的性能，用心脏性能和不同医疗组为改进人造心脏所付出的努力做图，就会得到S曲线的起始阶段（见图10）。随后出现的每一颗心脏代表一个新的数据点。从图中可以看出，在初始阶段，S曲线上升很慢，但是当贾维克取得进步后，S曲线上升的速度迅速加快。

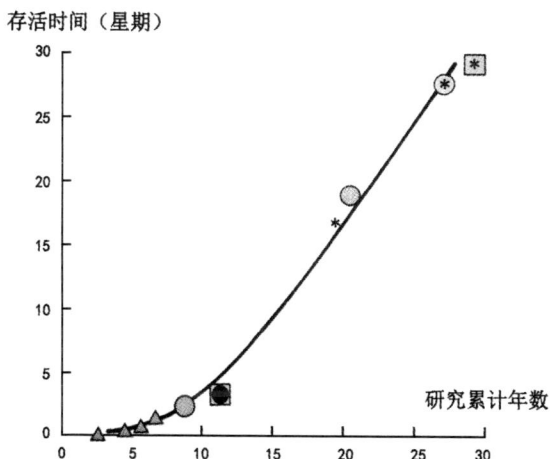

图10　人造心脏研究

人造心脏S曲线的早期阶段——它代表着研究和发明上不可避免的试错。

S曲线精确地表明了每一种产品（或进步）的性能改进程度，以及为取得这些进步所付出的努力。人造心脏的研发历程表明，虽然S曲线是抽象的图像，但同样是人类努力解决问题的生动历史。它代表着天才们的试错，展现出他们的努力，让我们看到成功和失败的模式。如果不这样做，我们就无法看到这些东西。在经历了相当长的缓慢进步之后，成功的速度会越来越快。

收益递减

当技术接近极限时，这个过程就会相反。不像处于S曲线底端时的情况，以越来越少的努力获得越来越大的进步，而是每次相同程度的努力都只能获得越来越小的进步。我最感兴趣的一个收益递减的例子发生在19世纪之前，是一个有关怀表的例子。"袖珍"表大约出现在1600年，其本身只是一个小的进步（原本钟应该安在塔上，而不是放在口袋里）。第一块怀表的形状和尺寸与柠檬差不多。绅士们戴着怀表，可以方便地知道准确的时间。但是那时的怀表尺寸较大，以致把裤子口袋撑得鼓起来，看起来很不雅观。因此，设计者努力设计更薄的怀表，很多公司都开始朝这个方向努力。在我们的术语中，厚度成为性能的衡量指标。怀表设计者努力设计尽可能薄的怀表。

他们成功了，但是收益却逐渐降低，就像图11显示的那样。在1700年，怀表产量很低，我们用产量做"努力"的替代指标，法国和英国生产的怀表大约有1.5英寸厚。到1800年，怀表产量提高了，其厚度也减少了0.75英寸左右。截至1850年，怀表的厚度大约可以达到0.25英寸——与我们现在用的手表的厚度一样。而现在的手表厚度与1850年的差别不大。如果我们采用19世纪欧洲大陆的绅士对性能和薄度的定义，在1850年时，这些性能就已经达到极限了，并且在那之前，收益开始递减。每一种新的设计方法都努力在越来越小的空间中压缩进越来越多的零件。薄度达到了极限，其他性能参数（面积、可靠性、易操作性和成本）的重要性就增加了。

| 1700年 | 1812年 | 1815—1825年 1846年 1850年 |

图11　英国和瑞士怀表

1850年前后，怀表厚度开始达到极限。其他性能参数，例如可靠操作性和成本的重要性就增加了。

如果把人造心脏和怀表的例子放在一起，就可以得出S曲线背后的两个主要特征，那就是：学习（人造心脏）和收益递减（怀表）。在S曲线上，每一个连续点代表一次性能改进，S曲线就是利用这些点，描绘出新产品开发过程的轨迹。S曲线模型在一个又一个产业中，一次又一次地重复。在我看来，这些经验观察加上可以解释它为什么发生的背景理论，可以说是令人信服的证据。这些证据证明S曲线描述出了事实，而且这种描述是可靠的，并且在将来，S曲线仍然可以起到这样的作用。

一个预测工具

如果事实确如上面的讨论所言，如果S曲线的极限是可预测的，那么从S曲线中就可以得到有价值的信息。如果我们可以定义重要的性能参数，把这些参数的进步与为取得这些进步所付出的努力对应起来，再描绘出早期阶段的数据，然后判定这些性能参数的极限，那我们就有了一定的预测基础，可以预测现在的产品还有多大的进步空间，为了提高产品的性能还需要付出多大的努力（参见附录2）。如果能粗略地描绘出潜在竞争者的S曲线，我们就可以了解他们的一些情况。同样，我们可以了解他们将来要生产的产品的成本是多少，他们会开发什么样的新产品，以及为了开发这些新产品需要付出的努力。

S曲线已经被用来描述电力技术、钟的精度、电灯泡效率、氨水产量、药的剂量、无线通信带宽、有机杀虫剂和软件，以及几十种其他技术的进步轨迹。我甚至曾看到一个"旅行方式"的S曲线，其中"旅行方式"包括步行、四轮马车、铁路、汽车和飞机，这个S曲线覆盖了一段很长的时间。但是在所有这些例子中，我们想要知道的是努力和产出之间的关系。你可能认为可以把结果和所用时间对应起来绘图，但那样做是错误的。进步并不取决于其消耗的时间长短，而是努力工作的结果。如果用进步和时间作图，就不能用外推法做出任何预测，因为这种"时间—进步"曲线图的假设比较模糊，可能无法反映出努力的速率。如果改变付出努力的速率，就会增加或者减少提高性能所用的时间。人们经常犯这种错误，即绘制技术进步与时间之间的关系，然后发现S曲线的预测并不准确。然而我们发现S曲线是相当稳定的，出现这种情况的大部分原因不在于很难预测技术怎样进步，而在于很难预测竞争者为了开发技术，会以多大的速率进行投资。出现预测错误的原因在于竞争分析不正确，而不是因为技术分析不正确。

因此，可能从表面上看，一项技术还有很大的潜力，但实际上迅速增加的投资耗尽了它的优势。英特尔的总裁高登·摩尔（Gordon Moore）说，芯片上的电路密度，每两年就会增加一倍。那是事实，但是这种现象还能持续多久？但如果我们用进步和时间作图，看起来好像进步的速度越来越快。但是如果我们把芯片密度看作是努力的函数，并做出两者的函数图像，从图像轨迹可以看出，这项技术正在开始接近极限。努力的速率（每年的投资额）比芯片密度增加得更快，这意味着开发新型电子内存的成本越来越高。

断层的战略管理

在爬山的过程中，经常会看到10%或30%的高度警告标志，这些警告标志由山的斜率决定。沿着S曲线上升就像爬山一样，我们可以像回想山的斜率那样，想象S曲线的斜率。斜率越大，生产能力越高。因此，在用进步和努力绘制的S曲线上，指出所处位置的简便方法就是讨论技术进步的斜率或生产率。

在曲线的起点，需要付出重大的努力才能看到进步。一旦完成了学习过程，很小的努力成本就能取得巨大的进步。但那种情况通常不会持续很长时间——可能也就只有几年。在某一点，我们开始接近技术的极限，并开始耗尽精力。接下来的问题就是，是否有其他方法来满足消费者渴望的产品性能？某项新技术可能还未开发，但它是否会最终替代现在这种进步越来越慢的技术？

但我们往往并不去想那些问题。传统的管理理论建立在模糊的假设之上，这个假设就是：越努力，进步就越大。实际上，这种情况只适用于S曲线的前半部分。从S曲线的后半部分来看，这种想法是错误的。更困难的是，我们很难弄清楚发生了什么事情，以及这些事情是什么时候发生的，因为大多数公司并没有保留技术进步率的记录。

　　S曲线几乎总是成对出现（见图12）。S曲线对之间的间断，代表断层，即一项技术取代另一项技术的时期。例如，固态电子技术取代真空管的时期。

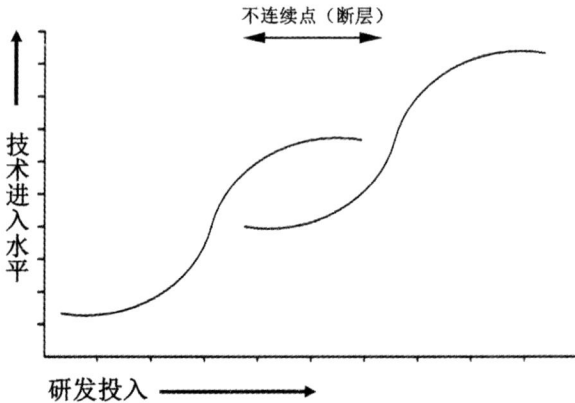

图12　S曲线几乎总是成对出现

它们一起代表着一个断层——一项技术代替另一项技术的时间。

　　实际上，单一的技术很难满足消费者的所有需求。因此，在实际情况中，可能有三种或四种或更多的技术参与同一项竞争：一些在防守，而另一些在进攻。经常会出现这种情况，即多种新技术为取代一项旧技术并占有它的市场份额而相互竞争。例如，光碟播放机与先进的盒式磁带录音机和超精度转台共同竞争家庭立体音响的市场份额。

当这种情况发生时，解释处于断层期的S曲线就存在很大的困难。所以，当一个医药行业的朋友说断层期就是"大混乱"时，也就不足为奇了。确实，断层期是很混乱的。

知道怎样度过断层期的公司可以避免陷入这种困境。为了知道自己处在S曲线上的什么位置，还想知道从S曲线的初期、中期及末期能得到什么，公司投资进行研究。只有少数几个公司得到了非常精确的S曲线。但通常情况下，有了这些资料，足以知道S曲线的一般特征，知道技术的极限，并接受S曲线给出的预测。

这就是我在第一章所提到的技术管理的第四期，也就是断层管理。事实上大多数公司都还处于第三期，我把那个时期称为技术的"战略"管理。这些公司在提高产品进步速率上非常有经验，它们达到这个目的所使用的手段就是比竞争者更快地开发新产品和流程，以增大S曲线的斜率。例如，我的合作伙伴、麦肯锡公司在慕尼黑办事处的员工埃德华·克鲁巴锡克曾经研究过许多案例，在这些案例中，厂商在生产个人产品时，它们的生产速度都比正常速度快。他的假设是，公司在决定是否需要缩短开发时间时，关键要看开发成本和延误开发的机会成本。通常情况下这两种成本中的一种，或者两种成本都是巨大的。他研究了几个案例来证明他的观点：IBM个人计算机、波音767系列飞机、佳能10系列个人摄像机和北方电信公司的数字开关（固态数字电话交换机）。所有这些案例，要么技术开发成本高（波音），要么市场机会成本高（IBM个人计算机、佳能10系列个人摄像机），要么两样成本都很高（北方电信公司）。他发现，进入市场过晚会产生成本，加速开发也会增加成本，但前者的成本要高于后者。所以，在每一个案例中，这些公司都采取特殊的策略加快开发产品的速度。

设计和工程项目往往同时进行。例如，波音公司在制造样机前，就开始确定、设计并测试诸如复合机尾和机翼材料这些组件，甚至进行风洞测试。在真正开始设计737系列之前，波音公司就已经开始在驾驶员座舱中测试几种关键的组件，例如后备系统。

其他一些公司也学会了如何分享技术和已开发的产品。为了开发个人计算机，IBM从松下公司购买显示器，从坦登（Tandon）公司购买软盘，从英特尔公司购买微处理器（CPU），从爱普生公司购买打印机，并从微软购买操作系统。所有公司都大量地使用其他公司提供的产品，但能有效运用外部产品的公司并不多。这样做不仅可以节省时间，还可以提高控制产品质量的能力，可谓收益颇多。对消费者而言也是一样。好公司尽可能多地参与合作，并把它们最好的产品集中放到一起，最终成为消费者使用的产品。

简化管理程序也可以提高开发速度。在IBM，大部分新产品的设计开发都要经过一个严密的八阶段程序。但IBM个人计算机的设计就绕过了这些程序，直接报告给了总裁约翰·奥佩尔（John Opel）。另外，还有很多公司正在学习如何通过使用计算机、改进的通信方法提高产品开发速度。

或许最重要的是，很多公司已经明白，想要紧紧抓住市场的脉搏，就必须进行投资，来研究支撑S曲线的科学基础。有太多的公司仅仅是凭经验开发产品。它们知道一些东西会起作用，但是不知道其中的原理。这些公司匆匆投入生产，接着就会遇到一些重大的问题。要解决这些问题，需要理解科学原理，但这些公司并没有这个能力。这些公司没有掌握理解极限、加速进步或解决性能问题的基础知识，所以当它们过快地开发一种产品时，这些问题就不可避免地出现了。当公司疯狂地号召员工们进行基础研究时，所有的工程师都进行阻拦。

兰德公司（The RAND Corporation）是一个由政府资助成立的咨询公司，它的总部设在加利福尼亚的圣莫尼卡。1981年，兰德公司开始调查"先锋加工厂"（Pioneer Process Plants）的亏损问题。[①]经过调查之后他们指出：

1. 严重低估成本是所有先进技术的通病。

2. 公司可以在技术研发的早期阶段，在还没有为庞大的工程付出高昂的成本之前，在没有进行太多的建设之前，找到导致成本估计不准和绩效差的原因。

3. 75%的成本差异，是由于没有在生产开始前掌握充足的技术信息造成的。

简单地说，有一些公司比竞争对手更早占领市场，但这些公司并没有走捷径：他们首先进行研究，然后才付诸生产实践。所以，与想要开发同种技术的公司相比，这些公司的S曲线斜率更大。

但是有一件事情我们必须明白，那就是，所有我们讨论的"战略"，我们想利用其提高生产率，想利用其更快地推出新产品，但实际上，有时它并不起作用，就像美国现金出纳机公司失败的例子一样。他们想向消费者出售新研制的机电现金出纳机，而消费者接受的却是电子收银机。所有的努力，都无法挽救一个试图以改进来与新技术进行竞争的公司。

---

① 梅罗等，《先锋加工厂的业绩下降和成本增加》，兰德公司，1981年。

效率和效能

技术管理的第三阶段是一个高质量的管理阶段，这个阶段中存在一个严重的问题：公司在应该重视效能的时候却去注重效率。公司在决定采取某一项技术（例如，真空管还是固态电子技术）的同时确定了效能。效率是所遵循的S曲线的斜率。效能就是要在现有资源使用情况下保持战略上的效率。因为需要提高新技术的进步速率，所以，采用一种新技术与继续使用现有技术相比，好像总是显得效率低。人们拿已成型技术的进步成本与新技术的进步成本相比，显然后者更高。但实际上，如果让两种技术发挥同样的效率，新技术花费的总成本要低得多。让我们来探讨一下我在预算会议上听过很多次的一种评论："无论如何，新技术的开发还需要投入更多的资金。它没有给我们带来任何进步，因此，这种新技术毫无意义。"这个评论的问题在于，在将来某一天，这项新科技的投资会带来10倍或20倍或30倍的生产效率，而且它边际收益远远超过现在的技术。

很多公司认为效能和效率是相互矛盾的，很多决定就是在这个假设的基础上做出来的，尤其是那些涉及资源分配的决定。这是最难把握的问题之一，因为它意味着从过时的业务中撤回资源。这个决定很难做，因为做这种决定需要能力和胆识，而且如果要做这种决定，就必须从现有业务中撤回资源。但在很多情况下，这些业务却是CEO成功的基础；或者，改变现有资源分配方式，但这种资源分配方式与公司现行管理方式有着很强的政治关系，而这种关系已经成为公司进步的主要障碍。

另外，毫不夸张地说，很多公司都有一些管理规定阻碍公司从一条S曲线转移到另一条S曲线上。例如，"我们的首要任务是维护现在的业务"，或者"我们要以自力更生原则经营每项业务，每项业务的现金收入必须上交公司，为公司的经常性支出提供资金"。这些规则，要么是在竞争较宽松的时期做出的，要么是出于政治上的需要。

基本的问题是，保护旧业务好像总是比培育新业务更经济，至少直到竞争者采用新技术而占据市场优势时都是这样的。传统的财务理论没有提供可行的办法来考虑不投资于新技术的机会成本。如果有的话，公司就不会继续投资于现有的技术，而是做出相反的决定。

在军事战略中，陆地战的传统思想认为，防守者具有优势。防守者往往位于山上，视野清楚，可以观察到敌人的进攻。从冯·克劳塞维茨到李德·哈特的军事战略，以及像艾森豪威尔和隆美尔这样的军事家都认为，如果想要攻占一个被占领的山地，必须出动敌人三倍的军力，如若不然就只能冒着被屠杀的危险。这种观点的精髓同样被应用于商业领域，人们相信，商业上的防守者就是拥有最大市场份额的竞争者，他们最了解生产过程和分销手段，所以，在市场份额的竞争中拥有优势。但我相信相反的情况也成立，那就是防守者也有其固有的劣势。进攻者可以在利基市场隐藏起来，甚至有可能在对手冲锋之前，防守者还不知道自己已经遭到攻击。竞争者进攻时，往往比刚出现时更强、更机动。

几年前，我们从成立了工业研究学会的美国公司中挑选出最大的250家，并对这些公司的研发副总裁进行测试。其中一个最重要的发现就是，他们相信美国公司可以把平均研发生产力提高一倍。他们相信，这就是防守者未利用的潜力，一半进步来源于选择更有前景的项目，另一半则来源于工作上的改进。

我们在麦肯锡的工作证实了这个观点。在分析大公司的技术支出时，我们发现，80%的技术支出用在产品防卫上。这些产品过去对公司的贡献比将来可能的贡献显得重要得多，我们认为这种现象是不正常的。本来可以用这些资金在潜力更大或生产率更高的领域进行技术或市场开发，但这种行为浪费了这些资金。如果投资于新兴技术和成熟技术的生产率之比是5：1，那么，把投资于成熟技术资金的五分之一投资到新兴技术上，就几乎可以使收益提高一倍。

在最初制造1K内存的工艺上，开发初期和技术成熟时期的生产率差别达到了19：1。在麦肯锡，我们曾经看到电子科技的生产率差别达到20：1，甚至是30：1——那是3000%的差别，是由最初的技术选择引起的差别。人们很疑惑，在20世纪50年代晚期，规模很小的德州仪器，怎样与像西屋电器公司或者喜万年这样的商业巨头竞争？德州仪器成功的办法就是努力扩张公司规模，扩张到最初规模的30倍。它还通过选择正确的S曲线，弥补公司规模和市场占有率上的劣势。

如今的医药行业，在新生物制药方法上的投资，只占整体研发费用的10%。然而我估计，至少一半的创新来源于此，而且它的潜在价值会更高。

经理们经常谈到要提高工厂的生产率，或提高销售的效率，但通常情况下，他们所期望的利润率，并不会比10%或15%还高。而我们正在谈论的是竞争者之间100%和500%的技术生产率上的差别。之所以出现如此巨大的差别，就是因为一个公司选择了正确的技术，而另一个没有。如果考虑潜在收益率，任何管理都无法与技术的力量相抗衡。

即使防守者能够更好地管理自己的S曲线，他也可能无法把效率提高到50%以上。如果防守者生产率的增长速度上升为原来的10倍，那也可能无法防御进攻者，因为他选择了一条不同的S曲线。通常情况下防守者相信，他的生产率比进攻者高，因而不考虑进攻者可能会向消费者提供的产品和服务。在判断生产率问题上，进攻者和防守者的看法通常是不同的。对进攻者而言，生产率等于新产品性能与旧产品性能的差值除以开发新产品投入的资金。如果他的技术正开始接近S曲线的"陡峭"部分，生产率就有可能很大。然而，防守者通过市场观察生产率，就可能仅把新产品看作是一个奇怪的事物。因此在他眼里，进攻者的生产率很低。我们看到在电子工业领域，这种事情一次又一次地出现。像微波、录音带、软盘这些产品刚面市时，都不能满足消费者的需求，但是几乎一夜之间，它们确定了高质量的新标准，对原有市场产生了猛烈的冲击。

即使防守者承认进攻者的产品具有优势，他也很有可能说这种优势太小，不会起到什么作用。因为一种全新的产品刚出现的时候，通常只比现有产品好一点点，所以，防守者认为进攻者的生产率很低，没有自己的生产率高。防守者的危机来源于用这种错误的观点预测接下来要发生的事情。防守者常常错误地认为，进攻者的第二代产品需要大量的投入，但只能取得微小的进步。我们的预测方式与他们不同。我们从成熟S曲线的数学分析中知道，一旦市场的大坝出现第一道裂缝，洪水就在后面不远处了。更进一步地说，因为进攻者的第一代产品已经承担了大部分启动成本，后期产品的成本就不会那样多。毫无疑问，这对防守者将会是一个巨大的冲击。但防守者会告诉证券市场分析师说："好啦，进攻者只是幸运而已。他的业务记录里没有任何信息能够表明他有能力抢占市场。"事实确实如此。在防守者看来，进攻者的业务记录中没有任何信息表明一场变革正悄然来临。然而，潜在的力量正在悄悄起作用，最终它们会显现出来。

重新分配资源是一件痛苦的事情。有时高层管理人员所做的任何决定、所采取的任何行动，都可能会被认为违背公司现有利益。CEO

经常会受到局外人的严厉批评，批评他们抛弃那些"正确、可靠"的机会，却在缺少技术经验的风险领域进行投资。其实，为了管理一个技术断层，CEO必须这样做——很多情况下，放弃一项刚达到最大生产力的技术，抛弃过去。这种进退两难的困境反映了技术管理第四阶段的特点，而公司现在又必须进入这个阶段。它涉及知识建构、分析和极限计算，同时还包括必要的信念和勇气，以便公司在必要的时候可以"壮士断腕"。

05

第 五 章

How Leaders Become Losers

领导者是如何变成失败者的

———— // ∧ \\ ————

商人如果墨守成规，不去改变自己，生意就会走下坡路……很少会有鞋匠用新的方式去补鞋，也很少有工匠愿意在他的行当里采纳新的办法。

——亨利·福特，《我的生活与工作》（*My Lifeand Work*），1922年

企业走向衰亡的主要原因

　　不管什么时候技术断层出现，相关企业的命运都会发生戏剧性的变化。当新的技术潮流来临时，引领当前技术潮流的企业很少能够保持自己领军地位的。在这种变化中，这些企业的损失小则无伤元气，大则输得精光；弱则稍陷窘境，强则丢尽脸面。断层出现后，领军企业的市场份额即便能保住第一，也会出现较大的滑坡。断层也可能意味着领军企业的市场份额排位迅速下降，甚至从该市场中消失，沦落至破产的境地。从领导者到失败者的故事不仅发生在单独的企业身上，也发生在整个产业上。20世纪80年代，由于技术断层，原来在美国国内的主导产业在国际竞争中败北的情况已经出现过很多次。

　　领军企业失去它们的地位，是因为消费者偏好新的或者改进了的产品，而且新的或改进了的产品往往也更便宜。以容器和包装为例。曾经让欧文斯·伊利诺伊公司（Owens Illinois）兴旺发达的玻璃瓶，已经被以美国制罐公司（American Can）为代表生产的钢铁罐和美国国际纸业公司（International Paper）为代表生产的纸箱取代了。在饮品容器市场，钢铁罐也遭到了以雷诺兹金属公司（Reynolds Metals）

和美国铝业公司（Alcoa）为代表生产的铝罐所取代的命运。在软饮料行业，玻璃瓶被塑料瓶取代，而塑料瓶正是柯达的德国化学公司赫希司特（Hoechst）的新业务。盛牛奶的塑料罐摆满了便利商店的冰柜，而这里曾经是涂塑硬纸盒的地盘。塑料袋取代了金属的冷冻食品包装袋，就像瘦身特餐（Lean Cuisine）取代了电视餐（TV dinner）[①]一样。甚至连网球也不能避免地遭受包装变革的影响，其包装由过去的卡纸板变成了金属，现在又换成透明塑料。所有这些案例当中，一种技术和使用它的企业将其他的技术和它们的使用者驱逐出市场，这看起来像一个连续的周期性事件。

我没有看到这方面的学术上的全面统计数据，不过我感觉，当技术断层发生时，原来的领军企业中10个大概有7个要被代替。技术变革可能不一定总是排名第一的企业的杀手，不过可以肯定的是，技术变革是企业状况不佳的主要原因之一。

联合公司VS巴斯夫公司

我们通过四个全然不同的产业——化工、轮胎、糖和电子来考察一下技术断层的破坏性及其所产生的相似结果。首先来看看不太为人所知却很重要的化学物品——苯酐。苯酐是一种有机分子，用于生产涂料增稠剂、软塑料箱、汽车椅套，未来还可能用于生产更强的塑料，因此，苯酐是一种重要的化工产品，而且将来可能变得更为重要。

制造苯酐的一种方法是以萘为原料。相对制造苯酐所需要的元

———————————

[①] 瘦身特餐和电视餐都是快餐食品，主要区别在于前者热量较少。——译者注

素结构来说，萘分子中的碳太多，而氧太少，需要增加。根据我们今天的化学知识，这限制了单位质量的萘的苯酐产量。另一种化学物质——邻二甲苯，它和萘类似，不过含有更少的碳。由于邻二甲苯中的碳可以被充分利用，因而用邻二甲苯比用萘产出的苯酐更多。确切地说，1磅萘可产1.2磅的苯酐，而1磅邻二甲苯可产1.4磅的苯酐。也就是说产量提高将近20%，这在利润率通常在10%或15%的化工产业中是一个非常了不起的改进。当然，邻二甲苯产量比萘高这一事实并不一定意味着用邻二甲苯生产出来的苯酐更便宜。如果邻二甲苯比萘贵20%，它在成本上的劣势可能盖过技术上的优势。在20世纪60年代初期以前，情况的确是这样。不过之后，由于炼油技术的提高，邻二甲苯的产量大大提高。在一定的需求下，更高的产出使价格下降了。

当邻二甲苯的价格和萘持平，其优势就非常明显了。这两种生产苯酐的方法的S曲线（见图13）描绘了邻二甲苯生产技术的业绩是怎么击溃萘的。萘受限于它更低的技术潜力。如果两种原料的价格继续持平，萘法生产者要想保持对邻二甲苯生产者的优势地位，就得花钱改进其生产工艺。然而最终他们将由于萘含有过多的碳这一自然的局限性而失败。

采用萘法制造的企业领军者是联合化学公司（20世纪80年代叫联合公司），位居其后的是美国的孟山都公司。邻二甲苯法制造的企业的领军者是西德的巴斯夫公司（Badische Anilin and SodaFabrik，BASF），它在美国有一个规模相当大的工厂。

由于多种原因，尽管巴斯夫公司已经将其技术改进到足以挑战联合公司的主导地位时，联合公司仍然固守萘法制造，而不愿涉足新的技术。在邻二甲苯的价格开始下降后，联合公司无法与其竞争，败下阵来。孟山都公司没有死守着旧的技术，而是聪明地从巴斯夫公司那

选择性（Selectivity）产出（百分比）

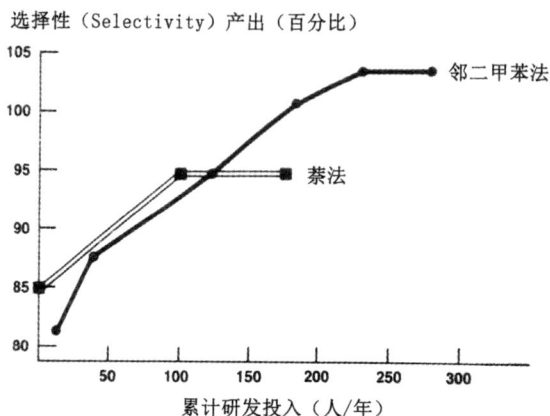

图13　苯酐和邻二甲苯法的S曲线图

联合公司使用的萘法技术一度保持优势，后来败给使用邻二甲苯法的巴斯夫公司以及后来获得许可的美国公司。

里购买了邻二甲苯工艺的生产许可，从而保持住了其第二的位置。

为什么巴斯夫公司会愿意给孟山都公司生产许可证，而不是独占美国市场的全部利润呢？主要是巴斯夫公司考虑到，美国的苯酐市场已经较为饱和，担心如果它再扩大生产规模的话，价格可能会下降。所以，巴斯夫公司希望通过出售技术给孟山都公司和其他生产商赚钱，而这些公司会用更优的邻二甲苯法替代当前使用的萘法进行生产。巴斯夫公司的战略，部分属于在化学工业企业经常采用的一种"两阶段方法"：第一代的催化剂让许可企业使用，而改进后的第二代投入自己的生产。这样，孟山都公司和其他许可企业可以有效地和包括联合公司在内的萘法生产企业进行竞争，而它们比起巴斯夫公司的效率又要低些。

对巴斯夫公司来说，不幸的是，美国的生产商们对于新技术太有热情了。它们不仅用邻二甲苯取代了原来的萘法，还增加了新的和不必要的生产能力。价格崩溃了，一时间，所有的生产商都亏本了，高成本的萘法制造商比邻二甲苯法制造商亏得更多。

如果理解了S曲线，是否会改变我们看待这些事件的视角，并增进我们对竞争动态性的理解呢？让我们看看图14。图14表明，1940—1958年间，联合化学、孟山都和雪佛龙（Chevron）等公司的科学家投入了100人/年的科研力量去改进萘法制造苯酐的工艺。在这个时期，业绩稳定地增长。而1958—1972年间，又投入了70人/年的科研力量，却只取得非常有限的进步。这一技术成为报酬递减规律的牺牲品。最后，采用萘法制造苯酐的进步完全停止了。了解这一事实后，人们会问："你从你的付出中得到了什么？"冷静地分析后，答案是："60%的钱起到显著的作用，而40%，最后的40%没有任何产出，被浪费了！"

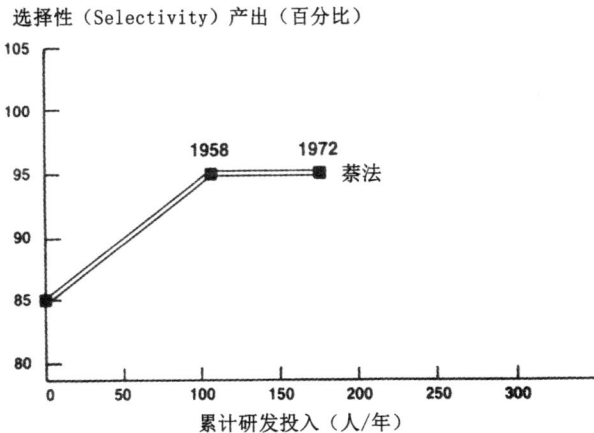

图14 萘法的S曲线图

由于该工艺达到了极限，1958年后，萘法没有取得任何技术进步。

如果联合公司没有对那部分没有产出的研发进行投入，他们所获得的可能双倍于这份投入的技术进步。换句话说，他们可以节省40%的用于改进技术的总成本，即便没有任何其他技术需要开发，这也是很有帮助的，至少那部分钱可以变成利润。

对于以萘为原料制造苯酐，其S曲线在中部，即处于成长期的斜率，也即生产率，是曲线末端的斜率也即成熟期的生产率的5倍。这是一个非常大的差异。换句话说，如果你是一个在苯酐生产成长期进行经营的化工企业，你得到的回报是在成熟期投资的竞争对手的5倍！实际上，"5倍的产出"这一估计还有点保守，因为联合化工进入萘法制造的成熟期时，使用邻二甲苯的巴斯夫公司正处于成长期。这种情况下，巴斯夫公司每人每年的投入所带来的进步是联合公司的12倍。因此，巴斯夫公司很快便赶上来了。投入相同力量对不同的、连续的两代产品进行的研发，做出的改进相差5~12倍之多。每次新的技术浪潮来临时，S曲线往往变得（比前一代）斜率更大，这可能是由于新一代的技术建立在前一代技术所积累的知识基础之上。

在这个案例中，进攻者拥有12∶1的优势。这一估计数字甚至可能还有点保守，因为邻二甲苯法技术的极限比萘法技术的极限高出20%。图13中两条S曲线相交，这时巴斯夫公司用单位原料生产的苯酐开始超过联合公司。之后，巴斯夫公司变得锐不可当，而联合公司则达到了其技术的极限，就算它在旧的萘法技术上投入再多，也不可能赶上巴斯夫公司。

杜邦VS赛拉尼斯

让我们来看看S曲线在轮胎帘线这种产品上的表现如何。这种产品的性能参数不能简单地用一个比值（比如一单位原料的产出）来表示。它的性能包括帘线强度、热稳定性、黏性和抗老化性，它们共同满足消费者对于平稳驾驶、耐久、爆胎保护以及廉价的需求。

这样一个性能指标需要满足两方面的条件。它对消费者来说应该是有价值的东西，同时也能被表述为对于企业里的科学家和工程师来说有意义的术语。联合的综合轮胎性能参数能够满足这些条件，因为它的各个组成部分能满足这些条件。这种衡量综合了消费者对轮胎各个组成部分的重要性的衡量结果。有了这个综合性能参数，我们就可以构建S曲线了。

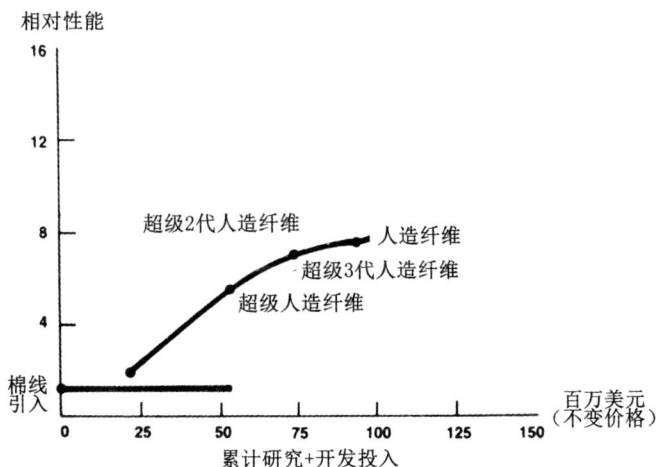

图15 人造纤维的改进

如果极限为人们所理解，可以省下1962年后投入的4000万美元中的相当部分。

在这一案例中，所有的性能指标值都是相对于棉的性能，因为棉是最初的轮胎帘线纤维制造的原材料。将棉的性能单位定为1。第一种合成轮胎帘线是人造纤维。它比棉更为结实，因而可以制造更薄的轮胎。它的耐腐蚀性也比棉强，因而做出来的轮胎更耐用。在这一改进的过程中（见图15），超过1亿美元的资金用于改进人造纤维。不过，不同的时期投入同样的钱在性能上所做的改进是不一样的。最初的6000万美元使性能增加为初期的800%；之后的1500万只做出了25%的改进；而在60年代初，人造纤维技术达到极限，2500万美元仅仅提高了5%的性能。就像苯酐案例那样，如果相关企业审视一下技术的极限，他们的投资战略也许会不一样。至少，它们可以节约1962年后所花的4000万美元中的相当一部分。

最初，人造纤维制造商中处于主导地位的是美国纤维胶公司（American Viscose）和杜邦。第二次世界大战后，杜邦公司从人造纤维转到其拥有专利权的尼龙轮胎帘线的生产上。多年间，美国纤维胶公司和杜邦公司都努力做出一系列的改进，以使自己的产品胜过对方的产品。然而，由于尼龙有着更高的极限，人造纤维开始失去市场份额。最后，美国纤维胶公司慢慢衰败，最终被FMC收购。但对杜邦公司来说，这只是"短命"的胜利。

尼龙帘线有缺陷。使用这种轮胎的司机们饱受后来被称为跑气疵点问题的困扰。在冬天气温很低的日子里，当汽车停放一会儿，尼龙胎受冻后，轮胎底部会产生跑气疵点。疵点在轮胎转动的时候会撞击地面。不久以后，底特律的工程师们向轮胎制造商施压，敦促其解决撞击问题。最终促使轮胎制造商敦促他们的供应商寻找尼龙的替代物。一种替代物是聚酯纤维，这种材料也用来生产双面针织衣物。生产这种产品的企业有杜邦公司、赛拉尼斯公司和其他公司。最后，赛拉尼斯公司在聚酯纤维战中胜出——尽管杜邦公司在聚酯纤维产品中仍然拥有着很强的总体地位（见图16）。

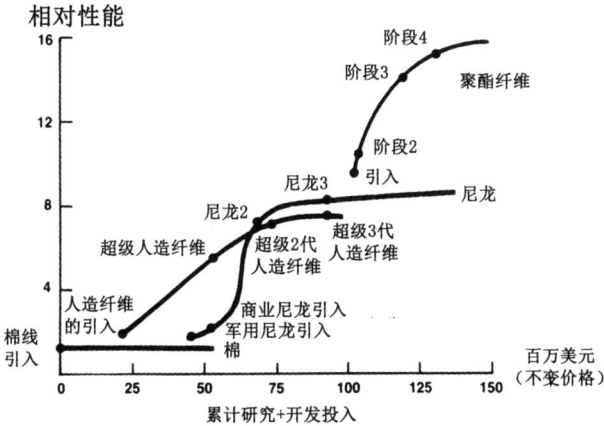

图16　从棉到人造纤维到尼龙再到聚酯纤维

杜邦公司由于不懂尼龙所处S曲线的位置，致使7500万美元研发资金收效甚微；而由于聚酯纤维正处于S曲线刚开始的位置，赛拉尼斯公司用更少的钱取得了更快的进步。

杜邦公司采用"两手抓"的策略。它寻找替代的聚合物如聚酯纤维，同时试图改变尼龙的柔韧性以解决跑气疵点问题。不幸的是，杜邦公司不知道尼龙处在S曲线的什么位置。事实证明缺乏这种信息代价高昂。尼龙比当时任何人的猜测都更接近其技术潜力的极限。大笔的支出用在研发上，事实上也没有做出多大的改善。不过聚酯纤维的情况就大不相同了，聚酯纤维当时仍处于成长期。赛拉尼斯的成长中的聚酯纤维工艺相对杜邦成熟的尼龙工艺有着5：1的优势。跟苯酐案例一样，从一代技术转向下一代技术，S曲线的斜率会增加，而且聚酯纤维的极限更高。聚酯纤维的性能极限约为16，而尼龙是8。一旦技术完善，聚酯纤维制造的轮胎，比最好的尼龙轮胎都更耐久，低温下柔韧性也更好（没有跑气疵点）。

由于赛拉尼斯公司的生产率是杜邦公司的5倍，所以，在轮胎帘线上的投入虽是杜邦公司研发资金的一半，却取得了2.5倍于杜邦公司的进步。用更少的钱，取得了更大的进步。

这两个竞争对手的差别，技术选择是一个关键。技术，比任何其他单独的变量，在决定杜邦公司和赛拉尼斯公司相对效率方面所起的作用都更加重要。

在寻找替代的聚合物时，杜邦公司将精力集中在聚酯纤维和凯芙拉两种产品上。凯芙拉是一种坚韧的纤维，它是一种生命力强大的产品，不过生产却极其困难。到本书成书时还处在S曲线的初期阶段。所以只剩下聚酯纤维，而在这一产品上杜邦公司应该有优势。杜邦公司掌握聚酯纤维的生产技术，而且其技术处于领先位置。你也许会因此认为杜邦将很自然地成为美国在聚酯纤维轮胎帘线生产企业中的领导者。然而，它并没有做到。做到的是赛拉尼斯公司。为什么？

这个问题可以从杜邦公司的内部组织结构中找到部分答案。当尼龙成为杜邦公司的重要产品时，它变成了一个独立的盈利单位。尼龙部门的目标是为杜邦公司的投资创造尽可能多的回报。为了在和外部的竞争中保持优势地位，尼龙部门投入大量的时间和资金创建了一个轮胎帘线研发中心。在那里，尼龙部门的工程师试制轮胎，使他们能够像最好的企业传统中所说的那样，和他们的顾客——轮胎制造商紧密联系在一起，所以，当聚酯纤维部门决定进入轮胎企业时，轮胎帘线研发中心试验聚酯纤维轮胎帘线似乎就在情理之中了。然而进行这样的转换是费用高昂的，与其这样，杜邦还不如在聚酯纤维部门下面再建一个轮胎帘线研发中心。

杜邦公司的局外人不会知道整个故事，不过将我所了解到的片段整合起来，基本能凑出个故事的大概。聚酯纤维部门将其轮胎拿到尼龙部门去检测，尼龙部门告诉他们："哇，这真是了不起的产品。这几乎和最新的尼龙轮胎帘线一样好，只需要稍许的改进。"这对于聚酯纤维的设计师们来说是个好消息。他们满怀热情地继续工作了大概一年，以改进他们的产品设计。当他们回到做进一步的检测时，他们被告之这种产品绝对有吸引力，比任何尼龙产品都要好。然后，不幸的是，杜邦公司已经批准了一笔尼龙轮胎帘线设备上的新投资，这笔投资后的生产能力完全能满足该公司在一段时间对轮胎帘线的需要。因而最高管理层只能承诺，在尼龙的生产能力使用得差不多了的时候，杜邦公司将投资在聚酯纤维轮胎帘线上。

所以几年内，尽管杜邦公司最大的客户（固特异公司）已经公开宣称聚酯纤维优于尼龙，但为了挽回投资，杜邦公司还是不得不继续推出尼龙轮胎帘线。

赛拉尼斯公司在纤维业务上的规模也很大，不过没有处于需要保护尼龙产品的境地。赛拉尼斯公司有自己的轮胎研发实验室，这个实验室很快造出了聚酯纤维轮胎帘线，这一产品被轮胎制造商们抢购。这导致的另外一个结果是杜邦公司失去了在市场上获得抢先位置的宝贵机会，而赛拉尼斯公司抢占了一个制高点。20世纪60年代的后5年间，杜邦公司的轮胎帘线销售额仅有缓慢的增长，而赛拉尼斯公司占据了75%以上的市场。

杜邦公司的疏忽不是因为它没意识到聚酯纤维的技术潜力，而是因为它假设，杜邦公司作为一个企业，能够控制市场中创新的节奏。事实上它并不能做到这一点。这种自信只有垄断者能有，而杜邦公司并不是垄断者。

故事到这里并没有完全结束。我们刚刚考察过的只是博弈中的博弈。在斜交轮胎市场上的激烈争斗进行的同时，更新的子午线轮胎由于其相对斜交轮胎有着更长的使用寿命，更容易操作，在欧洲获得了迅速的发展。米其林（Michelin）当时在美国还是相对不太知名的企业，准备在美国市场上发起进攻。20世纪70年代最后的几年，米其林成了20世纪新打入美国市场中最成功的企业，而它是通过子午线轮胎这种全新的技术做到这一点的。米其林在子午线轮胎上的成功很大程度上是由于美国的轮胎制造商向子午线轮胎转换的速度太慢了。它们停留在一条错误的S曲线上。

米其林能够做到这一点的原因之一，是它改变了产品的绩效参数。消费者想要更耐久的轮胎，子午线轮胎能够满足消费者需求。不过就真正使用来说，用子午线轮胎的汽车开起来并不是很舒适，但很多司机喜欢这种"跑车"的感觉。最初，子午线轮胎是卖给跑车发烧友们，他们用子午线轮胎替代西尔斯（Sears）轮胎。不过，这只是一支"先遣部队"，后面跟着一个大大的市场转向。而美国的轮胎制造企业还在投身于它们的斜交轮胎生产，并且，它们只把装备子午线轮胎的跑车轮胎市场看作一个细分领域。然而，事实绝不是这样。

就像1974年的《财富》杂志中写到的："子午线轮胎比传统的轮胎成本更高，没有立即被认为是主导未来的轮胎。特别是，阿克伦公司（Akron）将子午线轮胎视作'欧洲'轮胎，这种轮胎对于那种在鹅卵石赛道上狂飙的超小型赛车是合适的，不过，美国人驾驶的汽车的轮胎上面安装的是舒适的沙发，那种轮胎并不适合。"[1]

---

[1]《米其林人攻入阿克伦的后花园》（*The Michelin Man Rolls On to Akron's Backyard*），《财富》，1974年12月，第138页。

如果你认为游戏结束了，那么请再想想。竞争游戏永无止境。杜邦公司将视线转移到带来很多困难的凯芙拉，这种产品看起来真的要优于所有的轮胎帘线（比子午线更便宜）。杜邦是当时唯一在做凯芙拉的公司，因此，它在这方面处于优势地位。不过，这时又有LIM轮胎参战了。"LIM"是"Liquid Injection molded"（液体注射成型）首字母的缩写。如果你还是不理解，就把它想象成一种全新的轮胎，不使用橡胶而是用塑料做出来的，它代表着一条新的S曲线。LIM轮胎的胎面磨损更小，可以提高汽车的燃气里程，而且比子午线轮胎更轻、更好操控。它是谁造的？是位于奥地利基特锡的一家叫Lim Kunstoff技术公司的小企业。这家企业原来的产品是塑料鞋生产设备，与轮胎风马牛不相及。他们成功的机会何来？米其林人在和橡胶供应商的私下的会议当中透露了些许。米其林又像先前那样，将100%的资产都投入于子午线轮胎生产设备上。1983年的一项调查评估表明，LIM KT轮胎优于普利司通公司（日本一家子午线轮胎制造商）的轮胎。德国和英国的汽车生产商开始检测这种轮胎。斯图亚特·马歇尔（Stuart Marshall）——一位英国的汽车评论家，对这种轮胎进行了评估后说："我会很乐意在我的车上配一组LIM轮胎。"[1]情况会怎样？没人知道。1984年，Lim Kunstoff技术公司生产了15000个商用轮胎，1985年有望达到100万个。人们真的会去买这种轮胎吗？它们的价格比子午线轮胎更贵——不过人们当年买子午线轮胎更贵，而如果将总成本平摊下来的话，实际上是更便宜了。这种轮胎也有可能会遭遇这种情况，也有可能不会。顺便提及的是，这种塑料轮胎用的就是凯芙拉轮胎帘线。

[1] 斯图亚特·马歇尔，《革命性的塑料轮胎的第一次检测报告》，《科技新时代》（*Popular Science*），1983年，第100~102页。

欢迎来到锗谷

断层也发生在电子产业。否则的话，我们今天津津乐道的也许不是硅谷（Silicon Valley），而是锗谷（Germanium Gulch）了。很少有人还记得，最初（1952年），制造晶体管的材料并不是硅，而是锗。锗是一种基本化学元素，它与铜、锌和铅等一起矿藏于地下。

每个原子都有其带隙能，这是移动一个电子要给原子施加的最小能量。电基本上可以理解为原子间的电子流，因而如果不从原子中移开电子，物质就没有办法导电，所以这种能量是很重要的。事实上，很多元素，比如碳，要使其原子中的电子移动是很困难的。而另一些元素，比如铜，要使其原子中的电子移动则很容易，在这样的材料中，电子很容易流动。还有一些元素，像硅或锗，介于两个极端之间，要移开这些原子中的电子不是特别容易，也不是特别难，因而这些元素被称为半导体，因而他们能传导一些电，不过不是很多。这样的材料不能用来做电线，因为它不能带来高电流。不过现在全世界人们都知道，半导体芯片带少量的电流，对于实现计算机中两个数字相加、接收广播信号以及电话信号都是非常关键的。

描述半导体特性的一种办法是根据移动电子的容易程度，即带隙能将原料进行排序。很小的带隙能意味着移动电子很容易。锗的带隙能较小，因而发明晶体管的贝尔实验室的人最初用的是锗。Alas，表示移动电子能力，是一把双刃剑。因为在制造过程中，如果在纯度方面稍稍不到位的话，它就会影响最终产品的性能，所以，要稳妥地生产应用锗的半导体设备是很难的。在锗芯片生产中的高失败率增加了产品的成本。

有着更高的带隙能和更高的可靠性的硅"驾临"了。这种可靠性在商业中是非常重要的，因为它意味着不需要频繁维修或更换。高可靠性转化为低成本，因此，也就成为一种竞争优势。至少，生产商采用基于硅的技术相对基于锗的技术要更有优势。因此，根本上，由于物理上的原因，基于硅的生产商（如德州仪器公司和摩托罗拉公司）把基于锗的生产商［如休斯公司（Hughes）和喜万年公司］的市场抢走了。这又是一个由于技术断层导致行业竞争重新洗牌的故事，不过这次竞争的是高新技术。由于锗这一工艺极限低，基于锗的生产商的确无能为力。这是萘和邻二甲苯案例的重演，不过绩效上差别更大。这一结果真的很难避免。休斯公司和克立维特（Clevite）这些巨人，被像德州仪器公司那种当年只是微不足道的小公司所收购。到现在，很多人还为此感到震惊不已。

"糖"的成功

极限的思想和S曲线同样可以应用于低技术含量的业务。大部分人认为糖产业是一个低技术含量的领域，的确曾经是这样，不过有段时间并非如此。"糖"不是单一一种东西，而是一个大家族。它由很多相近的种类，如蔗糖、果糖、葡萄糖、半乳糖和甘露糖等组成。我们早餐桌上的糖是蔗糖。它从糖蔗中提取而来。蔗糖并不是一种单糖，而是由两种单糖——葡萄糖和果糖化合而成。这一技术细节有着重大的商业应用价值。

多年间，美国的糖蔗产量相对来说比较低，因而制糖成本也比较高。软饮料的制造商用高成本的蔗糖来生产自己的产品。然而，蔗糖在被打包、船运、存储并出售的那段时间，大部分都自然分解为葡萄糖和果糖，而这两种单糖是可以从遍地都是的玉米中提取出来的，且价格便宜。消费者们当然注意不到，不过对制造商们来说，由于葡萄糖通过一种直接的化学转化，可以很简单地变成果糖，它们越来越意识到这是一种浪费。玉米糖的生产者也会问："我们为什么不能把廉价的葡萄糖转化为葡萄糖和果糖的混合物，并用这种低价的混合物和果糖进行竞争呢？毕竟，这样一种混合物和消费者实际上喝的混合物没什么两样啊！"答案是：它们可以，但是需要找到一种将葡萄糖经济地转化为果糖的方法。他们的化学家很快就告诉他们该怎么做。

不久以后，基于玉米产品的软饮料问世了，尝起来很不错，而且比基于蔗糖的产品更便宜。在费了很大的劲搞清楚消费者是否认为果糖和葡萄糖尝起来和蔗糖一样好后，软饮料生产商开始用果糖和葡萄糖的混合物，即所谓高果玉米糖浆（High Fructose Corn Syrup，HFCS）取代了蔗糖。结果是：糖产业的领袖企业由蔗糖业的领袖企业海湾西方公司（Gulf & Western）变成了斯塔利公司（A.E. Staley）——高果玉米糖浆生产商中的佼佼者。因此，在被认为是低技术含量的产业，技术变革也可以使行业领导者易位。

防守者的悖论

技术变革引起的不光是单一产品生产线的死亡，也可以是整个产业的消亡。在20世纪50年代中期，现代电子技术时代的商业化进程开启了。当时真空管有7亿美元的市场。而相比之下，大约700万美元的晶体管市场则是小巫见大巫。如图17所示，在1955—1982年的50多年时间里，产业领袖几乎全部发生了变化。只有无线电公司（RCA）

和北美飞利浦公司（North American Philips）两家公司实现了从成功的真空管生产商向成功的晶体管和集成电路的生产商的转换。他们是技术断层中仅有的幸存者。这个列表所列的是电子器件的"商业的"生产商。所谓的"商业的"生产商，是指他们的产品供出售而不是自用。如果我们加上"受控的"供应者，就是说那些只为自己使用而生产的供应者，我们还要加上IBM公司和西部电子公司，西部电子公司是老贝尔系统的制造主力。加上后，我们发现有四家跃过了技术断层，其中两家——IBM公司和西部电子公司是产业中的领导者。

从表中也可以看出，日本制造商（NEC、富士通、东芝和日立）是从20世纪80年代初期进入这个市场的。这些新进入者占领了美国市场的相当份额，影响了美国的贸易收支。

最初前10家真空管制造商中的4家——国家电视公司、罗兰德公司、Eimac和兰斯戴尔电子管公司是制造接收管（如电视管或收音机管）的。也许是感觉到在半导体业务中竞争不是很有利，他们选择不涉足这一领域。另外4家，西屋公司1960年退出了商业市场；喜万年在1965年变卖了它的资产；1970年后，通用也退出了；到1975年，就只有无线电公司和飞利浦（通过收购西格尼蒂，而不是通过它在1955年拥有的安普雷斯子公司的成功）两家真空管制造商还能名列半导体制造前10位了。

在上述这一系列历史案例中，有三方面的教训值得总结。首先，是不投资于高新技术的决策。国家电视公司、罗兰德公司、Eimac和兰斯戴尔电子管公司是这方面的例子。第二个教训是，决定投资却选错了要投资的技术。休斯公司、特兰西特朗公司和克立维特公司都选择了通过锗技术进入半导体行业，结果是都失败了。第三个教训是文化方面的因素。企业因为缺乏同时攻防的能力而失败：在即将过时的

1955（真空管）	1955（晶体管）	1960（半导体）	1965（半导体）	1970（半导体）	1975（集成电路，IC）	1980（大规模集成电路，LSI）	1982（超大规模集成电路，VLSI）
无线电公司	休斯	德州仪器	德州仪器	德州仪器	德州仪器	德州仪器	摩托罗拉
喜万年	特兰西特朗（Transitron）	特兰西特朗	飞兆	仙童	摩托罗拉	摩托罗拉	德州仪器
通用	菲可（Philco）	菲可	摩托罗拉	摩托罗拉	罗克韦尔（Rockwell）	国家半导体	日立
雷神	喜万年	通用	通用仪器	通用仪器	国家半导体（National）	英特尔（Intel）	NEC
西屋	通用	无线电公司	通用	英特尔（Intel）	英特尔	摩托罗拉	英特尔
安普雷斯	无线电公司	摩托罗拉	无线电公司	无线电公司	通用仪器	仙童	飞利浦
国家电视（National Video）	西屋	克立维特	斯普雷（Sprague）	国家半导体（National）	无线电公司	西格尼蒂（Signetics）	富士通
罗兰德（Rawland）	摩托罗拉	仙童（Fairchild）	非力克斯/福特（Philco/Ford）	西屋	西格尼蒂（Signetics）	日立	东芝
Eimac	德州仪器	休斯	特兰西特朗	康宁	飞利浦	飞利浦	仙童
兰斯戴尔电子管（Lansdale Tube）	克立维特	喜万年	雷神	美国微系统（American Micro）	美国微系统（American Micro）	莫斯特卡（Mostek）	富士通

图17 从真空管到半导体

技术变革引起的不光是单个产品生产线的消失，而是整个产业的死亡。

技术上严防死守，在新技术领域不能做一个高效的进攻者。1968年，纤维胶公司在与杜邦公司和尼龙产品交手中失败足足5年，人造纤维的市场份额也从接近50%降到20%，可这个公司仍然生产人造纤维。《轮胎》杂志写道："阿克伦公司的发言人切斯特·多德和美国纤维胶公司轮胎研发负责人吉姆·柯利指出，他们公司同时制造人造纤维和聚酯纤维。而且他们仍然坚定地相信最好的轮胎帘线材料是人造纤维。"这些管理者没有告诉记者的是，他们也正在生产聚酯纤维，其产量微不足道。他们对于老产品很忠诚，但这也许会使美国纤维胶公司损失好几百万美元，并且产生不必要的费用支出。

像很多其他公司一样，美国纤维胶公司面临防守者的悖论。即便现有业务的每单位投资的收益都在递减，但它仍不能克服保护其现有业务这种本能的倾向。结果是它做得太少、太晚。西屋公司失败的原因部分是由于它把电子部门隐藏于组织结构的下层，所以，最高管理层很少有机会发现它，从而给它的支持很少。杜邦公司在聚酯纤维上的表现如出一辙。

从上述案例中，特别是最后一个案例中，我们可以发现，技术变革发生时，需要重大变革组织来适应它，领导层和经营路径会发生变化，会产生新的胜利者和失败者，先前的预期会被破坏。一个又一个的企业失去它们的领先地位不仅因为它们差劲的战略，也因为它们顽固的文化。

06

第 六 章

The Defender's Dilemma

防守者的困境

—— // ∧ \\ ——

忽视、奚落、攻击、抄袭、偷窃。

—— "鹦鹉螺" 健身器械（Nautilus exercise equipment）的发明者

亚瑟·琼斯（Arthur Jones）列举其竞争者的表现，1985年

在新技术初露端倪的时候，将它识别出来然后跟踪它或者可能投资于它，相对来说还是比较简单的。更困难，并且往往令人非常痛苦的是：尽管老的技术还有改进的空间，还是要减少在老化技术上的投资而抑制其发展。很多人失去了工作，友谊关系被破坏，甚至整个业务都要彻底改变。人们不愿意面对这样的状况。

1967年，美国现金出纳机公司（下称NCR）的财务副总裁汉根向一家媒体透露："NCR的主要收入来源是收银机和会计机。计算机的出现支持并保护NCR的传统产品生产线。"很明显，汉根和NCR不相信计算机和电子技术将会彻底颠覆它的传统业务。事实上，汉根是在按照"企业应该坚守本业，做自己最擅长的"这一金玉良言行事。这家媒体与之争论道："该公司尽管将触角延伸到计算机领域，但付出了很高的代价。该公司在其传统产品、零售系统和银行业务上改进的步伐太慢。它的竞争者和顾客在这一点上感到困惑。"①

快到1970年的时候，NCR在年度报告中称："NCR一直在着力

① 《美国现金出纳公司重建工作岗位》，《商业周刊》，1973年5月26日，第82~86页。

于对本公司大量的基础商用机器做进一步的改进。"时间在流逝，而NCR没有注意到市场中发生了什么。一家杂志评论道："1971年，NCR还在抱残守缺，无休止地改进其过时的机电技术，尽管计算机革命即将颠覆它。"1971年，一家叫DTS的小公司推出了第一款电子收银机。变革正在来临。

这时，NCR涉足计算机的目的还不太明确。一方面该公司想借计算机进入新的业务领域，而另一方面他们又把传统的收银机工艺捆绑在机电技术上。特别是在IBM推出了360系列机，并且IBM的研发费用相当于NCR总销售额中的相当部分情况下，NCR拿什么和IBM在计算机市场上一争高低呢？不知道在这一点上他们是怎么想的。另外，20世纪70年代初期，由于收银机市场中的买家担心经济衰退以及电子技术生产及其和电磁机器竞争带来的不确定性，使得他们推迟了购买，这让事情变得更为棘手。所有这些因素加起来，导致机电收银机的市场份额从1972年的90%降到了1976年的10%（见图18）。

新收银机在美国的市场进入过程

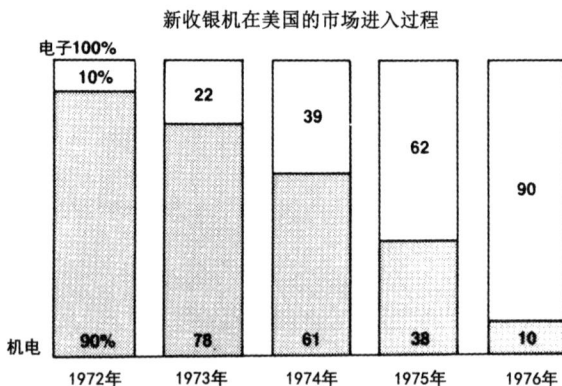

图18　收银机产业的断层

4年间，80%的收银机市场落入电子产品制造商的手中。

对NCR来说，这是段惨痛的经历。这家公司不得不把刚刚生产出来一年的价值1亿4000万美元的机电设备报废了。第二年，他们又损失了6000万美元。董事会解雇了还有三年合同才到期的董事长。新的董事长让35个高级职员中的28个在接下来的职业生涯中做企业的"顾问"。大约20000名机电厂的工人被解雇。这是一件令人伤心的事，不过为了避免破产并保住剩下的70000个工作岗位，这么做也是无奈之举。股票持有者也不能理解。如果1964年他们买的是伯勒（Burrough）的股票而不是NCR的，那些股票的价值将是现在的10倍，他们只能眼睁睁地看着股票价格这样的变化（见图19）。尽管这种损失后来有所挽回，不过如果NCR能更早采纳新技术，这种损失中的大部分是可以避免的。

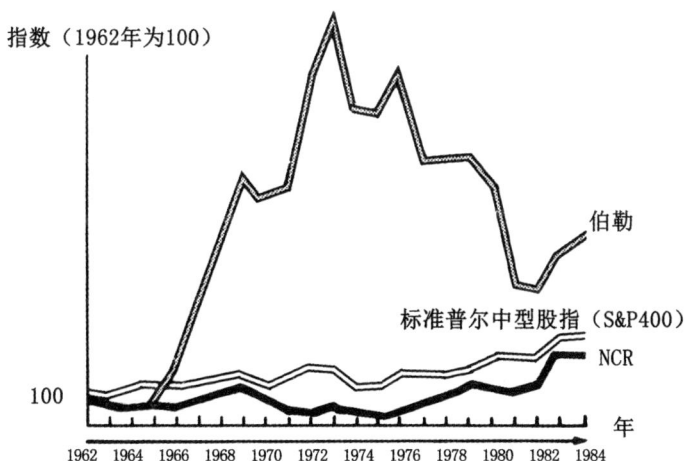

图19　股票业绩反映技术力量

NCR的股票持有者只能看着NCR努力从电子收银机的领袖企业——伯勒公司手中把输的挽救一些回来。

美国无线电公司（下称RCA）的经历也体现了技术转换的困难。迄今为止，这家公司是所有领袖级企业中在跨越电子管到晶体管这一技术断层方面做得最成功的企业。然而，即便是RCA，在选择跟随哪种技术潮流时，也备受困扰。它们不得不面对"为什么我们从利润可观的电子管业务转向利润不确定、变化迅速的晶体管业务？"诸如此类的问题。这些问题使公司决策摇摆不定。

在外界看来，RCA似乎做出了整个公司转向固态电子领域的决定。实际上，该公司有一个固态电子设备的研发团队，最初开发助听器、晶体管收银机以及相关的军事设备，不过这个团队对电子业务的主管负责，他同时也负责真空管部门。很自然，他会以实用主义的态度保护当时盛行的电子管业务，没有理由在一笔确定无疑的收入来源面前掉头就走。而像德州仪器（TI）这样的小竞争对手，则不需要担心这样的转换问题，因而能够方向清晰、目标明确地进入固体电子业务。

最后，RCA的经理们发现了其中的问题，因而改变了管理架构。真空管的管理者不再负责固体电子团队。那么谁应该负责固体电子团队呢？RCA不想将它架空，因此，让最高管理层的一位高级管理人员负责管理这个团队。

直到亏损出现前，一切运转良好。RCA的最高层们无法接受亏损、快节奏和奇怪的技术观念，因而把这个团队放回真空管部门，而此时的真空管部门已经换了一个新的经理。这些变化，都缘自试图保卫旧技术。旧的技术在创造收入的时候，"费钱的、造成损失的"新技术正在进攻。架构重组改变了固态电子研发团队的战略方向，士气大挫。这一洗牌伤害了工程师们的自尊心。工程师们总是在快要完成一件事情的时候被叫停，总是在准备不充分的时候被驱赶着匆匆进入新的领域。

这一切发生在RAC大举开拓冷冻食品和书籍业务，并试图在计算机业务上击倒IBM的时候。毫不奇怪，RCA的半导体业务排位从1970年的第4位掉到1975年的第8位。从整体来看，同样在这段时间，摩托罗拉从第2位下滑到第5位，通用和西屋则跌出前十。从所有这些公司面临的困难来看，RCA的情况相对还算不错。

文化冲击

说这些故事的目的不是想要狠狠指责这些企业过去的管理错误，而是想要举例说明，要想改变支撑一家企业或一个部门的技术，需要改变它的文化。这是管理中可能遇到的最艰难的任务之一。

要从断层中生存下来，必须像《哈佛商业评论》的编辑阿兰·M.坎特罗曾经说过的那样，企业"不得不在他们是谁，他们要做什么以及他们该如何在这些方面做出根本性的变革，这种相当令人不快的事实让人极端痛苦和混乱"。毫无疑问，这些企业不得不经历质的变化。

技术是组织文化的一个组成部分。事实上，它是企业文化的基础。改变一家企业的技术和改变这家企业的文化一样难。生物技术——非常热门的新兴产业之一，显示了这种困难的程度。所有人都期望大型的化工企业扛起生物技术的大旗。但他们也许错了，也许化工企业将会重蹈真空管制造商的覆辙。

从根本上，化学工业产业和生物化学产业是不同的。传统的化工产业在设计工厂时的基本原则是：越大越好。成本的一大部分是金属，通常以钢球的形式出现。增加球的直径，球的表面积是直径平方的函数，球的体积则是直径立方的函数。这样，如果球的直径加倍，球的表面积将增到原来的4倍，体积则增至8倍。由于球的成本是面积的函数而不是体积的函数，单位体积的成本将减半。

传统的化工部门不仅规模庞大，而且它们是按顾客的专门要求建造的。它们所需要的工程师需要掌握处理在高达1000华氏度高温下的反应知识，而且要知道诸如如何在一端放进萘在另一端收获苯酐此类的知识。那些工程师对他们所需要知道的了如指掌：如何处理高压（有时高达大气压的数百倍）情况；如何操控在巨大的容器中的复杂的反应；还有如何在平台上建造巨大的容器，并把它们运到工厂里。

他们往往不擅长的是设计小型设备，这样的小型设备不需要太多能量、太大的压力，却要求生物纯度（旁边没有微生物漂着），要求温和地处理其中的流动性。对生物化学工厂来说，越大并不一定意味着越好，因为操控盛装细菌的大容器的难度远大于小容器。而且，细菌在低温下工作，如果你像对待无生命的化学物质那样，粗暴地将它们放置在转换罐里，它们会死于高温。

因此，一个工程师在化工业务上异常出色的技巧，在生物化学业务中却并不一定奏效。他在职业生涯中，学习如何高温条件下节约能量，但未来却极少有管理者会关心这一点。由于大的搅拌器可能使微生物死亡，那么，在一口大缸里面用大的搅拌器搅拌的能力也就不会在生物化学产业中派上用场。现在需要的是过程控制和生物方面的知识。工程师们必须发明新的搅拌方法，否则，他们会发现他们工作没了，公司也关门了。

突然间，化学行业也许要像医药产业那样看问题。回想一下从真空管到固态电子的转换。在这次转换中，相对于新技术中的N沟道、P沟道和C沟道，设计师们需要了解的更多的是电流和真空特性。在化工厂里的伟大的设计师会成为生化工厂中的伟大设计师这样的假设不能成立。许多的关键因素已经改变了。这样的假设就跟假设优秀的足球运动员能成为优秀的橄榄球或者英式足球运动员一样。尽管这几项竞技运动看起来比较相像，但要成为出色的运动员所需要的特殊技能却各不相同，它们需要不同部位的肌肉锻炼，使用不同的技巧和不同的耐力程度。

技术断层过程中的主要文化难题在于技能的转换。不管资产有多雄厚，企业的综合实力等同于员工的技能的总和。如果这种技能变得不再有用，而其他技能变得和当前业务更有关联，这时候，管理将面临非常困难的问题。由于需要很长时间才能确定新的技能是什么，所以，需要调动企业所有的技能来预判并解决这个问题，毕竟你不可能一夜之间改变人们的技能。

然后，企业战略也需要改变。比如，生物化学业取代化工行业这一可能发生的情况。我们将很容易发现小工厂比起大工厂更经济，它们可以分布在全国各地的消费者身边。分销费用将大大降低。如果真的发展到这个地步，建在海湾沿岸的那些庞大而集中的工厂及这个地区的所有雇员将会怎么样呢？可能意味着他们将处境艰难。

不过，这种战略上的转型并不是没有先例。空气化工产品公司（Air Products）在第二次世界大战后成功地实现了这种战略转型。在资本较为有限的情况下，公司创始人伦纳德·普尔（Leonard Pool）开始用一种新方法生产工业气体。他的生产方式是在客户所在地，即钢铁厂的所在地建造小型空气液化工厂，为客户提供氧和氮。他的生产成本要高于那些工厂庞大而集中的对手，但是他有两个优势。他不需要花费任何成本来运输液化气体，他的客户承诺购买使用他的产品，他获得了一些价值不菲的合同。普尔用这些合同作为银行担保，避免了发行股票并稀释所有权。普尔还使用了一点"诡计"，他把他的工厂造得比合同要求的大20%，将这部分产品出售给当地的小客户，这样他就比他的竞争对手在分销成本方面拥有了巨大的优势。基于这种工厂分散化的战略，空气化工产品公司迅速壮大。这家公司80年代的销售额超过10亿美元，在其所在的行业中，它的盈利能力位居上游。

分散化经营不需要化工企业的那种职能型组织。高度秩序化也会成为失败者。由于工厂规模和资产价值不菲的原因，化工企业中的资本支出是集中化的。然而，在生化业务中，由于合同不同，因而规模更小，企业的所有员工并不需要全部集中在一起。

如果生物化学产业的技术沿着它的可能的发展道路走下去，空气化工产品公司发展出来的思想和战略可能可以运用于生物化学产业。更大的问题在于，"思维上习惯于大而集中的设备的化工企业会有可能做出那些改变的决定吗？"答案是：很可能。

日本的经验

当然，不用说，让企业转换到一种新的技术基础有重重困难。它意味着改变一切。日本在20世纪50年代初进入固体电子领域。和美国一样，日本最初的晶体管制造商有已经建立起来的接收电子管制造商（东芝、Matsushita、日立、NEC和三菱）和新进入者（索尼、三洋和富士通）。不过，和美国经验不同的是，1980年时，东芝、Matsushita、日立、NEC和三菱仍旧是领袖级企业。它们都实现了从锗到硅，从晶体管到集成电路，从模拟电路到数字电路，从集成电路到微处理器的跳跃。

为什么？产生这些差别的原因何在？这其中既有经济原因，也有社会原因。在20世纪50年代初期，日本的电子产业总体规模很小，缺乏本土的技术基础，需要引进技术并从根本上改变出口市场的局面。日本人四处寻找技术，最后在美国发现了它。他们开始制造晶体管和晶体管产品，如袖珍式收音机。由于日本当时劳动力工资和日元价值都低，在日本制造的产品比在美国制造的产品便宜许多。因而，日本产品销路很好，再加上日本国内激烈的竞争，这一产业迅速繁荣壮大起来。

新技术对美国新兴的电子管制造商来说是福祸参半的（毕竟，它引起了它们是否应该重新调整它们的产品这一问题），而日本的企业却不会面临这样的两难选择。在日本，没什么东西需要保护，在电子管生产上进行的投资很少；在出口市场上，它们和外国产品进行竞争的机会也非常好。电子管生产商的行动迅速展开。

有一些新的对手进入了日本的市场，比如索尼。不过，得到风险投资积极支持的创业者并不多，还不能给旧技术主导的企业带来实质性的威胁。结果是，日本的接收电子管企业1959年拥有79％的半导体市场份额，1979年仍然如此。

从美国的角度来看，日本在跨越电子业的技术断层方面取得成功所处的商业环境是相当特殊的。不能期望将这些条件复制给美国企业。这并不是说，日本企业在改变时不需要经历痛苦挣扎。不过，毕竟日本和美国所处的环境不同。日本人没什么可以防守，他们只会有很大的收益，而且他们所缺乏的要素——技术又有一个很好的来源。他们迅速行动，接下来的事，众人皆知，无须赘言。这件事传递的讯息是，如果激励存在，并被人们发现，企业能够成功实现转型；不过，这需要早起步，因为技术和文化都要变化。起步早的前提是感到需要变化，需要新的方向，需要用新的取代旧的。日本的主要企业，比起美国的主要企业，在这种动机方面要更明确。它们更像德州仪器和摩托罗拉，而不像通用、喜万年和雷神。

及时反应

预期是关键所在。企业要及早动手。时间越晚，完成转换需要花的钱越多。在某些情况下，开销可能超过所拥有的资源。这可能意味着企业会破产或者丧失市场地位。20世纪70年代时，印刷器械公司（Addressograph Multigraph）印证了这一点。当时的主席罗伊·阿什（Roy Ash）试图在一夜之间将公司的机电技术换成电子技术。这一努力以公司破产告终。公司无法以如此之快的速度实现转变。管理者犯错，公司遭殃。

优秀的企业会早早地为变革做好准备。孟山都是一个很好的案例。几十年间，孟山都公司都靠通用化学品获利。随着20世纪70年代油价的上涨，孟山都开始在石油化工品方面面临石油企业的竞争。孟山都非常机敏地从它投资超过10亿美元的业务中抽身出来，转而进军更有前途的领域，比如生物技术。1975年，孟山都给哈佛医学院提供了一份800万美元的合同。随着其声誉日隆，孟山都聘请了霍华德·施内德曼（前加利福尼亚大学欧文分校生物系主任）来领导该公司在生物方面的工作。这方面的全部业务由当时的副总裁路易斯·费尔南德斯（Louis Fernandez）负责。后来还开展小规模风险投资和收购业务。孟山都并没有将老的技术和新的混合起来，尽管有一些管理人员实现了转换，不过他们并不是一夜之间就转换过来的，而是很早就已经开始并慢慢转换。到20世纪80年代，这一团队经营的业务已经基本上独立了。

20世纪80年代，这些投资逐渐开始有回报了。1985年9月，哈佛大学宣布发现了血管生成素。这种物质，和生成它的基因一样，"为在人的任何器官生长做初始性的工作。这一发现的第一项应用成果也许会给癌症的治疗带来新的方法"①。

不过，孟山都和日本的电子管制造商是特例。企业总是做得太少、太晚。企业知道有些事情就在前面，可就是不能下定决心去面对。骄傲和固执总是相伴而生。看看特兰西特朗这家马萨诸塞州曾经很火的晶体管制造厂吧。大部分人认为特兰西特朗这家早早进入晶体管领域的公司是一位进攻者。然后，它成了在变革中折戟的防守者。

作为一家重要的锗晶体管的制造商，特兰西特朗在诸如军用产品这样的坚挺市场中发展很快。在20世纪50年代后期，特兰西特朗的销售额增长了6倍，在华尔街受到热捧，其股票在3个月间从每股36美元激涨到每股60美元。

而后，硅出现了。在不到10年内，它消除了对锗制造商的需要。特兰西特朗在这个断层期间，犯了一系列堪称经典的错误。公司创始人巴卡拉兄弟似乎相信有先前的成长为基础，成功将永无止境。即便盈利开始下降，他们仍然举债以扩大以锗为原料的产品的生产规模。硅？巴卡拉兄弟知道它正走来。他们甚至成立了一个独立的化工公司，这家公司向特兰西特朗出售硅。然而，他们对于硅的兴趣始终不够浓厚，这一项目运作很快冷却下来。结果是，巴卡拉兄弟犯了美国纤维胶公司同样的错误（这家公司试图同时圈住人造纤维和聚酯纤维

---

① 施米克·H. M.，《发现引起人类器官生长的蛋白质》，《纽约时报》，1985年9月17日，第1版。

这两项业务）。由于两家公司都在新技术上下的赌注很小，等它们看到新技术真正潜力的时候，为时已晚。

面临缩水的锗市场，特兰西特朗公司试图实行多样化的战略。最初涉入一系列的电子产品生产领域，后来涉猎众多领域，比如军用小帐篷，并在这个领域收购了7家公司。也许有人认为如果他们将半导体产品卖给美国军方，他们也应该顺便卖给军方帆布产品。半导体产品销售额下降，公司利润受损，从1960年高达900万美元的盈利到1969年1800万美元的亏损。在最夸张的时候，特兰西特朗的股票价格是其报表收益的56倍。不过这只华尔街高价位投机性股票很快从天上跌落地上，在仅仅两年的时间内，股价从每股60美元掉到4美元。

对特兰西特朗来说，20世纪70年代和80年代是重复犯错和不断衰弱的时间。它尝试过生产集成电路和微处理器，结果发现它们只是落后于市场一步。这是很有典型意义的。也许一家公司能够生产新一代产品，但它有钱去生产一连串的新产品吗？这种事不经常发生，尤其很难在它的主营业务"大失血"的时候发生。

20世纪80年代，特兰西特朗是波士顿城外一家市值1亿美元的公司。如果不考虑在半导体市场刚起步的时候它比德州仪器要大的话，似乎境况还不算太坏。

防守者的傲慢

有些防守者会表现出我称之为"傲慢"的东西，特兰西特朗公司的事例证明了这一点。这家公司犯了一些错误，从而使自己陷入困境。这些错误的模式在防守者遭受新技术进攻的时候是很常见的。

第一个常见的自大的错误是，对于技术领域来说，技术改进就足够用。早些年，美国最大的企业之一的一个高层管理人员写的一篇文章登在《哈佛商业评论》上。该文主张，推进技术的极限常常是不重要的。他认为原因在于消费者能够很好地接受低于新技术的各种层次的性能。他接着说，创新的失败率是很高的，忽视新技术通常比认识到新技术更好。他还警告说，新技术的引入通常需要大量的投资支持，有效地研发新技术所需要的文化会鼓励浪费。他的解决办法是：通过采用技术改进解决问题。

和其他很多管理人员一样，他相信，大部分情况下，不下赌注的才会赢，所以，他们不会在断层上下赌注。要提醒创新者的是，在由断层带来的大量的迅速的变革使得技术改进不管用，注定要失败。

技术的健康

第二种自大的错误在于假定，如果理解了当前技术、客户需求和竞争，就能足够早地预见即将到来的断层。然而，由于大部分企业不研究S曲线、技术的极限和性能参数，它们并不知道它们的技术将走向何方，同时，它们也不了解需要付出什么来使它们的技术到达那个地方。在某种意义上，它们混淆了经济健康和技术健康的衡量方式。我用我们生病的情形打个最简单的比方。如果我没有温度计，我也可以通过触摸我的额头来进行自我诊断，如果感觉到热得发烫，就能够知道自己病了——不过那时候可能要卧床休息好几个小时甚至是好几天了。温度计的价值在于它是一个早期的预报装置，使我可以在事情刚往不好的状况发展时就采取适当的行动。

我们还没有测量技术健康的温度计。由于大部分企业不知道如何衡量自己的技术健康，它们只衡量经济健康。麻烦在于，企业的经济健康程度是由很多因素决定的，而这些因素往往根本上独立于业务的技术基础的健康程度。比如，制造商可以通过建立更大的工厂来削减单位产品成本，通过更大的销量来分散成本。另一种方式是挥起斧子，削减员工数量或者削减研发投入。短时期内，利润可能得到改善，华尔街会抬起你的股票价格。但这只是短暂的甜头。没有考虑的是企业的技术健康。这有点类似于在你感到感冒可能要来的时候喝一杯香醇的热酒，或者在昏昏欲睡的时候喝杯咖啡。短时间内，你会觉得不错，但这只是症状的缓解。糟糕的是，这延误了适时的治疗。倘若知道了缓解症状意味着什么的话，缓解症状的措施就没有什么错；但如果正式的治疗被耽误了太长时间的话，感冒可能变成肺炎。企业经营和保持健康一样，要想变得更好，就需要关注根本问题，而不仅仅是表面症状。

熟悉客户

当企业确信自己理解客户需求时，容易产生第三种自大的错误。当你和做过失败项目的管理者谈话时，你总会发现他们为很快就被消费者抛弃感到困惑不解。企业真的了解他们的客户想要什么吗？有时候是肯定的。但在断层靠近时，其中的新产品变得可得时，企业并不能足够精确地知道消费者会怎么选择。众所周知，消费者经常错误地估计他们想要的东西。消费者不想要影印纸，他们觉得复写纸就足够好了。不过在他们实实在在地拿到了便宜的影印纸之后，他们都改变了主意。在索尼为消费者打开"图美"（Tummy）电视机市场之前，消费者并不需要这种电视机。在宝洁公司将纸尿布做得结实、吸收性好而且便宜之前，消费者并不信任纸尿布。所以，如果消费者在他把产品实实在在地放在手里之前并不知道他想要什么的话，企业怎么可能坚信消费者将会告诉它变革将会来临这种想法呢！

即便企业在大体上能够知道消费者的需求，但是企业对这些需求如何才能精确而迅速地转化成特定的，并且能够经济地满足消费者需求的产品却并不是很清楚的。每种产品都有多方面的性能参数，而且一些参数是相互影响的。比如说，消费者可能希望复印机速度更快些，却不想以牺牲可靠性为代价。而且，通常消费者的需求和设计者所能提供的，两者之间的关系很复杂。继续讲复印机的例子，设计者也许可以在不改变可靠性的前提下，使复印机更快，不过代价也许是成本大大增加，因此，权衡是生存之道。有时企业能猜中，有时则不然。在权衡一组如此复杂的参数中发现变化之所在的确是一门很难的艺术。

此外，就算企业知晓消费者在主流市场中的需求，然而，断层的发生可能并不是出现在主流市场，而是出现在一个特殊的小领域中。"鹦鹉螺"健身器械在体育馆里有很多可能的对手，但基于计算机而不使用任何凸轮①的器械才是大威胁。计算机允许使用者自行设定阻力"曲线"，但当时你在健身俱乐部找不到这种机器。到1986年，只有300台这样的机器卖给了像美国国家航空航天局、哈佛医学院和丹佛野马②这样的单位。③子午线轮胎起初取得成功是在轮胎更换市场

---

① 安装于旋转轴上的偏心轮或复合曲线轮，用于使相连的或相接触的其他部件产生多变或往复运动。——译者注
② 一支橄榄球队。——译者注
③ 罗伯特·大卫，《公民琼斯》（Citizen Jones），《极限运动》（Ultrasport），1985年8—9月。

上，而不是和大的汽车制造商在同一市场。大部分轮胎制造商想当然地以为消费者会用相同的轮胎进行更换，但消费者并没有如此行事。底特律想当然地以为消费者偏爱开起来更平稳的轮胎胜于寿命更长的轮胎，但消费者并非如此。20世纪80年代，阿斯巴甜（Aspartame）这种无卡路里甜味剂，正在从主流糖使用者那里和性状清晰食品市场中抢夺市场份额。这是一种预料之外的变革——一种断层的方式。关键点在于，即便一家企业对其主要市场很了结，然而断层却可能不是从这个地方开始。断层可能在一个小的特殊领域内良好地起步，而企业并没有及时地给予关注，没有及时地进行反思，事后才发现自己的错误。所以，从消费者那儿获得的知识有时可能会产生误导，好一点的话也不过是一种不牢靠的信息。

界定市场

第四个自大的错误是错误地界定市场。在稳定的时期，市场界定就很需要技巧，处在断层时期则更是异乎寻常的难。拍立得相机是一种成熟产品。录像磁带和带有回放功能的电视会和宝丽来（Polaroid）[①]形成竞争吗？我们使用宝丽来产品主要是为了在家里的相纸上留下永久的记录，而录像带最初则是用在专业领域和商业领域。

不过这种情况发生了改变。1981年，索尼推出了马维卡数码相机，这款相机将静态的照片记录在磁盘上，可以接在电视上进行浏览。然而，仅仅一年后，柯达公司就推出了自己的数码相机。现在，

---

① 一家以拍立得相机为主要产品的公司。——译者注

我们该怎样界定市场呢？

　　企业经历变革的时候，错误地把握市场比正确地把握市场要容易得多。如果没有关于潜在的竞争技术方面合适的数据，是不可能正确把握市场的。企业往往高估自己预见断层到来的能力，因为企业觉得自己了解自己的对手，然而事实并非如此，这就是第五个自大的错误。企业经常不知道要注意哪个竞争对手。产业中的巨人的行动肯定是能被观察到并被广泛报道的，但最重要的竞争往往来自规模比较小的企业。这些企业隐秘地、带着高生产率的技术和巨大的收益使其发展顺畅，它们在前行中获益。毫无疑问，这种情况在电子行业中发生过，在医疗仪器、个人电脑和数码摄像领域也发生过。规模较小、不太出名的企业如此，国外的竞争对手也是如此。试图通过观察竞争对手来预测断层的问题，我们总是找错观察对象。

　　即便企业知道了未来可能的竞争对手，它们仍然可能找不到自己的目标或者无法发现自己的潜力。要做到这些，企业需要在较深的程度上理解自己的技术，而这种可能性不大或者很小。即便了解了技术，如果这种技术建立在与原来完全不同的技能和科学基础上的话，要确定它的极限或者到达极限的可能性可能并不太容易。如，金属制造厂能够预测塑料或者陶制品的潜力吗？

　　当然，企业应该持续地评估自己的竞争对手。但是，如果企业对"企业雷达探测敌机的能力"太过自信的话，未免有鲁莽之嫌。即便"企业雷达"能够发挥其效用，在其发生效用的时候，企业也可能已经没有足够的时间来部署防御了。大部分企业认为它们反应足够迅速，而这只是另一个自大的错误（第六个）。与大部分管理人员认为的相反，只有进攻者的产品在消费者看来是经济实惠的之前的一段有限的时间内，变革才是逐步发生的。在那个时点上，演进结束，革命开始。很多企业可能不同意这一论断，它们会引证改变自己技术能力的例子。在某种程度上，是这样的。防守者可以还击，因为十有八九它们的技术能够接近进攻者。但是，如果在它们的技术处于极限位置时则不然。这一错误是由于它们相信这种机动性能够使它们赢得竞争。事实并非如此。这只能赢得一些时间而且这些时间可能不够用来让其跳到一条增长更快的技术曲线上。

进攻者和防守者

面临进攻的防守者受冲击的过程可以区分为四个清晰的阶段。第一个阶段是竞争者带着新产品进入一个利基市场。新产品常常像刚出生的小赛马驹子一样，瘦小而笨拙却隐藏着丰富的潜能，这种潜能要花许多钱才能挖掘出来。失败者比成功者多很多。但在某些特定的细分市场，也许是军用市场，或者曼哈顿的年轻人东城市场（Young East Side），或是开捷豹车的人的市场，一些人愿意因为产品是新的、与众不同的并且在某些方面出色些而付费。因此，在众多竞争者失败后，会有少量企业能够立足。

在成功进入利基市场后，进攻者会扩大地盘并渗透整个市场。在某些地方，几乎是在一瞬间，进攻者给市场带来很大的冲击，获得大量的订单。在子午线轮胎业务上，这种情况发生在米其林拿到林肯大陆的订单时。很快，这家法国的轮胎制造商在美国市场上成为一股新兴力量，获得很大的关注，夺下不少市场份额。不久以后，这家公司甚至开始主导整个市场了。在第三阶段，取代过程已经进行得差不多，接近于完成了，只有一小部分利基市场没有被渗透。然后就是第四阶段了，在这个阶段中，可能的利基市场都被征服了。这些利基市场和最初以高价进攻的市场不同，通常是低价或特殊的细分市场。进攻者（不久后将变成防守者）通过产品的多样性，比如胎侧子午胎、供旧式轿车的子午胎、轮毂个数为奇数的子午轮胎，进入这些单独的细分市场。

这个四阶段周期在防守者眼中是什么样的呢？最初，在进攻者处于利基市场阶段时，由于进攻者发展缓慢，防守者看到的是它们的经济效益、销售额继续攀升。防守者在看到一些进攻者失败后会变得过度自信。即便有个别成功者，它们渗透的速度往往低于市场膨胀的速度。即使市场规模不再扩大，进攻者拿走的也只是很小的一部分市场份额。所以，总的来说，在这个阶段，防守者处在最好的情况下，其经济效益不会受到进攻者带来的实质性的影响，而在最差（我们所界定的这个意义上的）的情况下，经济效益也能有所提升。由于经济效益会表现出强劲的势头或者比较平稳的趋势，防守者或者投资者依据考察传统经济指标不可能发现潜在的进攻。正在变糟的是相对技术性能。防守者考虑的并且当作代理变量的是错误的代理变量。它们在收集着错误的数据。

结果是，防守者看不到进攻的到来，无法计算损失或者看到破壳之时。但在防守者的视线之外，进攻者正在攻城略地，正在渗透到整个市场，不局限于纽约，还现身于巴黎、芝加哥、旧金山、洛杉矶和伦敦，越来越引人注目。这时进攻者的进攻速度接近市场的膨胀速度，进攻者的成本开始接近防守者的成本。在这个时间点上，防守者的销售额或者市场份额曲线可能变平坦。甚至在这时候，很多企业家还在为自己找理由，认为问题不是由于新的竞争，而是自己业务的自然周期所致。

这个时间点过后不久，进攻者获得大的订单，掌握了全局，防守者的销售额开始出现滑坡然后瓦解。与防守者的销售额同样命运的是价格。大举进攻正在进行，这时经济效益水平反映了其背后的技术现实。

不用说，对于防守者来说，情况继续恶化。最终，他将淡出这个市场甚至落得破产的下场，尽管在大多数情况下，还会有一些剩余的市场留给旧的技术。帆船一直还会有，也还会有人制造一些奇异的真空管。当然，老技术存在的市场空间比较狭小，没有增长，不过存活下来的个别生产商还可能获得高额利润。不过当整个产业衰退时，价格将会崩溃，这时只有经济上实力足够的那些企业才能经受住市场暴风雨的考验。

把市场渗透周期放入一个时间框架内是可能的。一项新的技术取代老的技术通常要花5~15年的时间。在技术转换最初的四分之一个周期内，进攻者进入利基市场，当进攻者扩大了市场，这时候周期差不多过了一半，而当防守者真正开始感觉到进攻者的产品带来的经济上的压力时，三分之二个周期差不多过去了，整体的瓦解很快就要发生。这样，在周期的最后部分的那几年，取代过程将集中而迅速。而到那时候，做任何事情都已经于事无补了。

这一描述和轮胎帘线产业中发生的情况完全一致。取代人造纤维的过程中，1970年，在一个缓慢的开始后，聚酯纤维的市场份额达到30%，这大概花了8年的时间。到了1977年，市场份额达70%，这段时间平均每年市场份额增加约6个百分点。轮胎帘线可能是你所能想象的变化最慢的产业了，因为它要受以5年为周期的底特律规律的约束。即便如此，在转换中期，行业领导者仍然以每个月半个百分点的速度失去市场份额。在20世纪70年代中期，当子午线轮胎最终开始大规模攻击的这段时间（见图20），斜交轮胎在18个月内市场份额狂跌了50个百分点，每个月接近3个百分点。其速度是向聚酯纤维转换速度的近3倍。

市场份额（百分比）

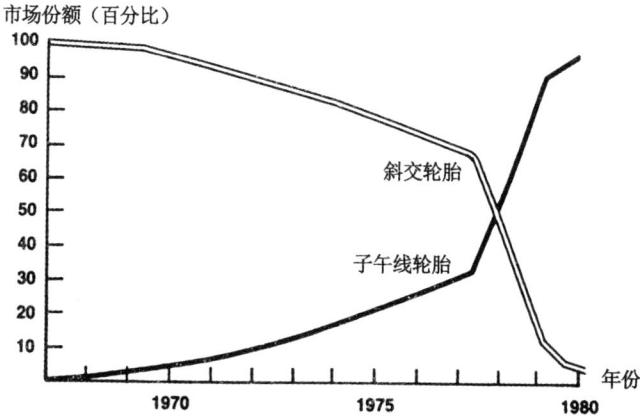

图20　美国的轮胎消费

斜交轮胎在18个月内市场份额狂跌了50个百分点。

子午线轮胎也有帘线。最初，在美国，其帘线由玻璃制成。即便子午线轮胎在市场上压倒了斜交轮胎，情况还是如此。不过，钢帘线由于其优越的性能，开始进入并主导市场。玻璃纤维制造商在一年半内市场份额下降40%，即每月下降2.25个百分点。

转换的速度

这些迅速的转换发生在许多不同的行业，不论技术含量是高还是低。在小份额市场立足后，扇涡轮发动机只花了6年的时间就把涡轮喷气发动机挤出了市场。第二代的扇涡轮发动机大概花了5~6年的时间取代第一代产品。在这几个案例中，在转换的高潮阶段，防守者每个月输给进攻者一个百分点的市场份额。在前文中曾提到的，机电收银机的市场份额从1972年的90%下降到1976年的10%，平均每年丢掉约20个百分点。原来的价格已崩溃，利润已消失。

在电子领域，有很多像特兰西特朗案例那样的快速而造成重创的技术转换。锗产品在转换的高潮，每月丢掉12个百分点的市场份额；集成电路在6年时间内，市场份额从20%上升到80%。在集成电路这个大的领域内，也有从PMOS到NMOS再到CMOS的转换[1]。在这几个案例中，进攻的技术在流行后，每年大概获得10%到15%的市场份额。

决定转换速度的主要因素是防守的技术和进攻的技术之间的相对经济性和技术推进的速率。防守者原来的利润空间越狭小，进攻者压缩成本的速度越快，进攻者和防守者之间的进攻转换发生得越快（见附录3：测定进攻的时间）。

不过，其他很多因素也会影响转换速度的快慢：

——进攻的时序。

——进攻产品和防守产品之间的相对应用价值。

——进攻者和防守者的价格策略。

——使用者获得新技术的优势所需的资本投资（需要追加的投资越少，转换越快）。

——新技术让使用者在其他业务上总体降低的成本。

——进攻者、防守者和消费者的总体财务状况。

——决策过程的参与人数。将一项产品卖给一家单独的公司，要比卖给联合公司的风险投资者（主要是美国政府）容易得多。后者花的时间没有上限。

---

[1] 三者分别为P，N和PN互补沟道增强型金属—氧化物—半导体场效应晶体管。——译者注

——当前消费者中的创新和创业精神。（他们是否在心理上倾向于成为第一个吃螃蟹的人？）

关键的一点在于，这些转换中的孵化期往往相对较长，无论是从销售额还是市场份额来看。然后，市场突然瓦解或爆发——这取决于企业是防守者还是进攻者。不过，由于技术变化的速度加快以及利润的变低，孵化阶段所用的时间对很多产品来说也许将会变得越来越短。

这些事件并不是神秘莫测的，也不是无法预期的。模式是重复性的，就像杜邦最终清醒地认识聚酯纤维和NCR最终清醒地认识其电机部件一样。防守者通过个别进攻者的弱点获得安慰，从而使自己不用去面对现实，现实中的攻击不是由个别进攻者组成，而是由一群进攻者组成。这些进攻者个个都希望它们的攻击的时间恰到好处，它们努力试图打垮防守者的决心、毁掉防守者资源的最后一根稻草。只要技术进步是不可避免的，进攻者就会利用防守者的傲慢，直到防守者认识到进攻者真正代表着对传统秩序的挑战。

氧气的发现者、18世纪英国皇家学会成员约瑟夫·普利斯特里（Joseph Priestley）曾经用科学语言比喻他发现的皇家协会面临的威胁。他的话抓住了断层的精髓。他说："可以说，我们正躺在火药堆上，我们正处于错误和迷信建成的房屋里，些微的星火就能点燃它，瞬间就发生爆炸，结果，数代人构筑的大厦，可能转瞬间就倾覆于地，这种倾覆如此彻底以至于永远不会再建立起同样的建筑。"[1]250多年前，普利斯特里完全正确地理解了当下正在发生的情况。如果我们希望冲破这种模式，我们需要考察断层的现状和背后隐含的经济学原理。

宾夕法尼亚大学化学史研究中心，《宾夕法尼亚大学化学史研究中心快报》（CHOC News），1983年春，第1卷，第2号，第1页。

07

第 七 章

The Attacker's Advantage

进攻者的优势

—— // 〈 \\ ——

历史上最伟大的发明天才当然是莱昂纳多·达·芬奇。他的每一页手稿，都呈现出一个惊人的构思——潜水艇、直升机或自动熔炉。但是利用1500年的技术和材料，根本无法生产出这其中的任何一种物品。确实，在那个时代的社会和经济条件下，人们根本无法接受那些思想。

——彼得·德鲁克（Peter Drucker），《创新和企业家精神》

（*Innovation and Enterpreneurship*），1985年

研发的真谛

研发这场博弈发生的地点不是实验室，而是市场。尽管防守者拥有技术上的优势，但它们也只有在市场上才能打败那些突然袭击的进攻者。毕竟，公司进行研发的最终目标不是技术进步，而是改进产品和生产过程，由此抢占市场，进而使稀缺的资源和研发资金能产生最大的收益。在这个过程中，关键问题是技术优势如何转化为公司的成功？进攻者在技术开发上的优势能否为它们带来市场上的优势？

我们没有太多的证据来回答第一个问题。比尔·阿伯纳斯（Bill Abernathy）在哈佛大学的时候研究了汽车工业的创新。他详细地研究了福特汽车公司，收集了改进生产模式的成本及其对公司价值的数据。但当时他的目的并不是想要明确地考察如果没有改进模式会产生多大的机会成本，所以，他的估计是很保守的。然而他收集的数据是最好的。我利用阿伯纳斯的数据，更好地理解了福特公司开发成本和收益（价值）之间的关系。做了一些计算后，我把结果画了出来。

这些数据点显示出，在19世纪末20世纪初，汽车工业在研发上每投资1美元，就会获得6~7美元的利润。这个比率在工业发展早期持续上升。1930年，美国汽车工业的投资回报率达到最高值。那时在技术研发上每投资1美元，就可以获得75美元的利润。然后投资回报率开始下降。到1945年时，汽车工业在研发上投资1美元只能得到5美元的利润。收益率持续下滑。到1965年的时候，美国汽车工业的研发投资回报率是1，也就是研发投资增加1美元，收益也只增加1美元。

1965年之后，1美元研发投资的收益开始只有90美分的回报。粗略地计算，1955—1975年间，汽车工业取得的收益大约等于研发成本。粗略估计，这期间的投资总额约为55亿美元，而从经济角度看，这些投入的产出为零——1910—1975年间总投资80亿美元，而1955—1975年的20年间就投资了55亿美元。事实上，汽车工业获得的所有收益都来源于起初那30%的研发支出。

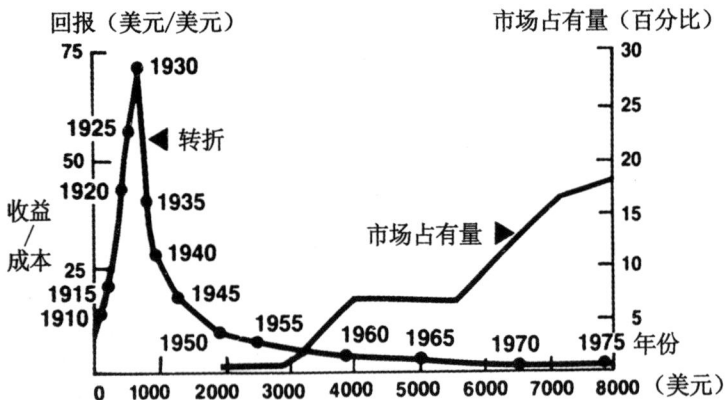

图21　美国汽车工业的研发收益图

在研发收益率最低的时期，进口汽车成功地抢占了美国汽车市场。

在美国汽车行业研发收益率最低的时期，日本成功地侵占了美国汽车市场（见图21）。很明显，日本成功的原因并不仅仅是技术，还有很多其他原因。在技术进步和公司收益之间还有很多影响因素。

成功方程式

要理解这点，必须从两方面考虑研发投资产生的收益。第一部分是投资产生的技术进步率，第二部分是技术进步带来的产出率。投资研发会促进技术进步，这种进步具有创造收益的潜力，但仅仅是潜力而已。

要理解研发投资能否创造收益，必须关注收益的第二部分，也就是给定的技术进步产生的总收益率。我们把这个比率称作研发产出率。研发的总收益率，也就是技术投资产生的总收益率，等于投资产生的技术进步率（研发技术进步率）乘以技术进步产生的收益率（产出率）。

其数学形式如下：

研发收益率=研发技术进步率×研发产出率

在第四章我们看到，进攻者使用的新技术，其技术进步率是防守者使用的旧技术的5倍，并且文章说明了进攻者是如何提高技术进步率的。在一些案例中，例如电子行业，新旧技术的进步率之比是20∶1或30∶1。但是方程中的研发产出率又是怎样的呢？我们能理解它吗？它会给我们提供有关研发投资战略的什么信息？

我们可以利用微观经济学基础进行解释。产出率是产品价值和保护程度的函数，这里的产品价值指的是某种特定产品对消费者而言的价值，保护程度指的是在面对与自己相同的竞争产品时，这种产品的制造工艺可以做到的自我保护程度。就像技术进步率一样，生产率是可以测量的。

人们最容易把价值与低成本等同起来。如果公司拥有先进的技术，就可以降低生产成本，那么销售价格改变相同的程度，这个公司就会赚取更多的利润。另一方面，消费者愿意为某些商品的特定属性支付更高的价格，公司可以把这些特性添加到自己的产品中，提高产品的价格。

因此，把技术进步率和生产率分开是有意义的。这样就可以有条理地考虑研发收益率。我们可以用不同的手段从不同的人那里分别获取信息。我们清楚地知道想要从方程右半部分获取什么信息。研发活动必须能够提供如下信息：基本的替代技术，技术的极限、每一个竞争者在S曲线上所处的位置、哪些策略可以提高S曲线的斜率。商业/市场策划部门必须向研发部门提供如下信息：客户价值取向、将来的供需模式、可能的竞争战略和价格指导，以及所有这些因素将会怎样改变市场结构。

CEO面临的挑战

销售人员和工程师之间的讨论经常演变成口水战。销售人员抱怨技术上的成功无法在市场上吸引消费者，而工程师则抱怨销售人员不知道怎样销售，或者不知道消费者的需求是什么。把研发收益率分割开来，就可以帮助技术人员知道他们需要在哪方面进行努力。我们期望负责营销的经理了解市场的规模。同样，我们也期望技术人员知道公司技术的极限。

我们有一个客户公司（一个价值50亿美元的电子齿轮制造商），该公司的CEO刚看到这种划分时说："这个方程指出了我们的问题所在。技术投资带来的收益越来越少（技术进步率很低），但是我们的利润仍然很高（生产率很高）。所有的事情看起来都挺好，但很明显事实并非如此。我们所使用的技术可能已经接近极限了。技术进步率可能会降到零，所以我们必须考虑改变生产技术。"考虑一下这位CEO所说的话，谁该去做什么就很清楚了。特别是技术部门，他们必须清楚，如果不采用新技术，现在的技术进步率还能提高多少。后来，这个公司开始进行技术转换，大量的资金应用于新技术的开发，并因此极大地提高了公司的竞争力。

高层管理人员一定有一些想不通的问题。性能参数有没有通用的定义？影响技术性能的因素是间断性变化的吗？如果是，这些影响因素会有哪些变化？变化的频率有多大？是什么导致这些变化的出现？这些影响因素在将来会怎样变化？将来的性能参数是什么？研发会提高现在的还是以前的还是将来的性能参数？市场营销是否根据现在的或将来的性能参数，而把促销、市场定位和广告宣传概念化？如果有这些问题的答案做基础，公司管理人员就可以考虑技术投资的收益了。至于他们是靠分析还是靠直觉来估计投资收益，这个问题已经不重要了。这个分析框架在理论和实际方面都有意义，因为它从本质上改善了公司内部的交流。

分解这个方程，我们可以清楚地看到，一些公司在哪些方面做错了，而另一些公司在哪些方面做对了。我们希望研发投资能带来正的收益。只有在研发技术进步率和研发产出率都为正时，收益率才是正的。然而在现实情况下，这两个变量中的任何一个都有可能是零，或者是负的。技术进步率为零意味着公司的研发投资没有促进技术进步。如果为了提高产品的一种性能而牺牲产品的另一种性能，例如为了提高产品的可信度而降低产品的运行速度，结果就是产品的整体性能对消费者的吸引力降低，这时技术进步率就是负的。如果技术进步不能带来任何收益，研发收益就是零。如果技术进步了，但产品的整体收益反而降低了，那研发产出率就是负的。当市场上的先进产品供过于求时，这种情况就会发生。在电子商业领域，这种现象频繁发生。与性能可靠的旧产品相比，新产品的利润率更低。

因为技术进步率或产出率都有可能是负的，所以，它们的乘积也有可能是负的，而这个乘积就是研发收益率。当研发技术进步率很高，但研发产出率是负的时，收益率就是负的。洗衣粉市场就是这样一个例子。生产者在昂贵的视觉增白剂上投入巨额资金，却没有为消费者提供一种有意义的产品性能。技术上来说衣服"更亮"了，但肉眼无法分辨出这种差别。技术进步率提高了，但是市场份额没有变化，而成本又提高了，所以收益率降低了。

当然，我们也要避免另一种情况的出现，那就是研发产出率很高，但因为科技已经很接近极限，所以，研发技术进步率为零。正如我们看到的那样，这种事情经常发生。一些钢铁生产商不采用间接炼钢方法，即先生产低纯度的钢或生铁，再提高钢的纯度，而是直接降低铁矿石中其他成分（像碳）的含量。如果天然气供应充分，并且成本很低，这种直接生产过程就比较节省成本，就像在墨西哥和印度尼西亚的情况。一个声誉很高的墨西哥钢铁公司就是用这种方法占据了很大的市场份额。后来一个德国公司发明了一种更新颖的生产过程，于是这个墨西哥钢铁公司的市场地位受到挑战。那个墨西哥钢铁公司努力改进生产过程，但收效甚微。因为这种生产过程已经接近极限了。德国人以很低的价格出售钢铁，墨西哥人怀疑他们的销售价格比生产成本低。他们说："德国人正在侵吞市场。他们从不关注利润。为了与他们竞争，我们必须大幅度降价。"降低价格这种竞争手段的成本很高，经过一段漫长的时期，墨西哥工程师意识到他们自己错了：德国钢铁生产工艺基于不同的热力学基础，他们的效率更高。所以，虽然他们的价格很低，但仍然能赚取利润。

墨西哥工程师不了解他们的技术极限，浪费了几年的时间和精力，并失去了市场份额。墨西哥公司在意识到这个问题的同时，也意识到他们正在开发的另一种生产方法拥有更高的极限和更大的潜力，但之前他们并没有付出太多的努力。于是，他们立即停止研发旧的生产方法，把力量转移到新生产过程的研发上。他们用了几个月的时间，就开发出比德国钢铁公司更先进的生产方法，并因此成为墨西哥最大的商业神话之一。在这里我们要强调的重点是，投资于已经达到极限的科技项目，就像投资于潜力很大但对消费者没有价值的技术一样，没有任何意义。我们希望研发技术进步率和研发产出率都是正的。

防守者的困境

除了上文讨论的因素之外，还有其他一些因素会影响研发产出率，包括公司的竞争成本和行业内所有公司的集体战略。例如，考虑这样一个行业：市场上供需均衡，竞争适度，每家公司都有利润可赚。在这种情况下，就会有一家公司决定增加投资。问题是，所有其他公司也都这样想，每家公司都会建立一个新工厂，于是这个行业变得供过于求。实际上，市场只需要再建一个工厂，而不是六个。在行业供过于求的情况下，市场谈判的力量转移到消费者手中，价格体系崩溃了。没有公司能从研发投资中获取预期的收益。

化工行业经常出现这种情形。当公司改变生产苯酐的技术，用邻二甲苯生产方法代替萘生产方法时，需求量达到最大值。虽然拥有这种技术的厂商以最大生产能力进行生产，价格仍然飞涨。于是每家公司都想新建生产苯酐的工厂，于是新工厂的订单大量积压。然后，在四年的时间里，新建的工厂不少于八个。供给增加了80%，但需求只增加了58%。客户可以看到接下来发生的事情，他们开始与厂商谈判，争取更低的价格。接下来的三年里，虽然总需求每年增加15%，但价格却下降了50%。所有在苯酐生产过程上的投资，其收益如何？最好的公司也只获得了最低的收益。

假设我们所处的行业共有6个工厂，供给和需求曲线如图22所示，我们拥有工厂1和工厂4。在这六个工厂中，工厂1的成本最低，工厂4的成本等于行业的平均成本。根据基本的经济学知识，供给曲线和需求曲线的交点是边际供给者，它的生产成本与产品价格相等。在所有的竞争者中，比边际竞争者生产成本低的厂商会赚取利润，其余的厂商会赔钱。事实上他们不会赔钱，因为在需求增加之前，这些厂商会停止生产。

为了理解与研发产出率的关系，假设我们发明了一种新方法，这种方法的生产成本更低。我们建设了新工厂，提高了整个行业的生产能力。如果需求没有增加（为了这个简单的例子，假设是这样的），就不需要新增的生产力。或者更特殊一点，因为我们的生产成本更低，整个行业就不再需要原来边际生产者和生产能力了。我们创造了

供给

1 | 2 | 3 | 4 | 5 | 6

我们的工厂

需求

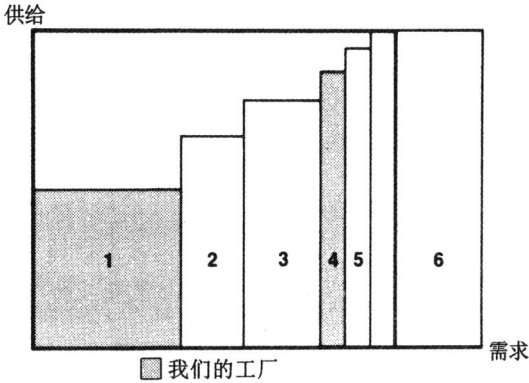

图22 供给和需求曲线

新的生产能力使购买方有能力与厂商谈判以争取更低的价格。

一个成本更低的边际生产者。因为商品价格等于边际生产者的成本，而我们的新生产过程降低了行业边际生产者的成本，所以，整个行业的价格就会下降。

这是很平常的事情。价格下降的幅度与新增生产能力成比例。生产能力增加得越多，价格下降得就越严重（比例系数由行业的成本结构决定）。实际情况要更糟，新工厂开始生产时，产品价格并没有下跌。当新工厂宣布进入市场，或者新工厂要进入市场的消息开始流传时，价格就开始下降。如果你对此有所怀疑，想一想当IBM宣布进入已经拥挤不堪的个人计算机市场时所发生的事情，或想一想日本加入电子行业后，电子产品价格发生的变化吧。

价格下降仅仅与新增的生产能力有关。除非在极端情况下，否则，它与技术优势没有任何关系。在我们的例子中，新生产过程不仅降低了竞争者的价格，还影响了现存工厂的收益率。实际上，如果我们拥有的某个工厂是边际生产者，就可能因为自己的行为而使那个工厂倒闭。

让我们这样设想一下。对于一个目前还不是生产者的厂商，它没有需要保护的投资，那这个提议对他意味着什么呢？当然了，这听起来相当不错。他们的进入可能会使市场价格下降，但是他们的生产过程更先进，所以仍然可以赚取足够的收益，这些收益可以证明投资是合理的。如果我们仅仅想要知道，自己的投资是否会使自己原本拥有的工厂倒闭，那说明我们没有找到正确的问题所在。那种情况包含一个隐含的假设，那就是我们有能力决定是否新建一个工厂或是否保持原来的市场价格。如果存在促使某人进入市场的激励，就会有某人在某天某个地方进入市场。到那时价格就会下降。如果我们静观其变，就会损失本该保护的利润。只有在一种情况下，这种事情才不会发生，那就是学习成本高于潜在的利润。这种情况通常发生在技术复杂的行业上，例如汽轮机、电脑断层扫描仪和喷气发动机。如果公司拥有足够的预算，那就应该在下次预算会议上尝试建议增加新的生产能力。但是这样做有风险，你有可能因此而失去下次升职的机会。

如果随着产业需求的增加，公司进行小规模扩张，科技性能会得到提升，利润也会随之增加。但是如果公司进行大规模扩张，导致整个行业生产力过剩，在不考虑技术收益的情况下，利润就会突然而迅速地下跌。利润是技术性能的函数，但我们无法事先确定它们之间的关系，就像研发技术进步率一样。它是行业微观经济基础和行业内所有公司集体战略的函数。技术进步和利润之间没有必然的联系，这意味着我们必须每次都以一个全新的视角来分析这个问题。但这样会更明确，与那些已经在行业内投资，并且需要保护这些投资的公司相比，没有投资因而不需要保护的公司具有更高的产出率。进攻者拥有较高的产出率，就会感觉具有优势。

研发乘数

让我们扩大讨论的范围，以便更好地理解替代经济学，以及这种经济学是如何支持进攻者的。假设我们讨论的稀缺资源是资本。现在的目标不是使研发投资收益率最大，而是使资本收益率最大。如果考虑这个问题，就需要再多讨论一个比率——研发乘数。研发乘数，就是开发一个新产品的研发投资额与生产和销售这个产品所需的资本的比值。例如，如果一项研发计划成功了，其成本是100万美元，另外公司还需要投资1000万美元建造一个新工厂。在这个例子中，研发乘数是100万美元/1000万美元，也就是0.1。如果100万美元的研发计划需要1亿美元的资本，这个研发乘数就是0.01。我们把这个比率称为"乘数"，因为如果把它与研发收益率相乘，就得到资本收益率。这个方程可以这样写：

研发收益率×研发乘数=资本收益率

从这个方程中可以看出，乘数越小，资本收益率越低。简单点说，公司愿意为每1美元的研发费用投资1美元，而不是10美元或100美元。如果为应用某项新技术需要建设新工厂，但新工厂的建设成本很高，那这项新技术就没什么吸引力了。

研发乘数涉及的因素是惊人的，许许多多因素都会影响研发乘数。图23展示了研发投资占资本支出的百分比，这是另一种研究行业间关系的方法。例如，航空公司的研发支出是工厂和设备支出的5倍。换句话说，航空公司的技术进步不需要大量的资本投入。另一方面，钢铁公司的情形与此恰恰相反：每1美元的研发资金需要追加

14美元资本。这意味着，为了得到可接受的资本收益率，一些公司需要更高的研发收益率。表面上看来好像不是这样，但实际情况确实如此，这些公司经常觉得它们已经接近技术极限了，因而研发技术进步率很低。在面对行业外的意外挑战时，它们更容易受到打击。就像炼钢厂一样，它们在钢材与塑料的竞争中损失惨重。

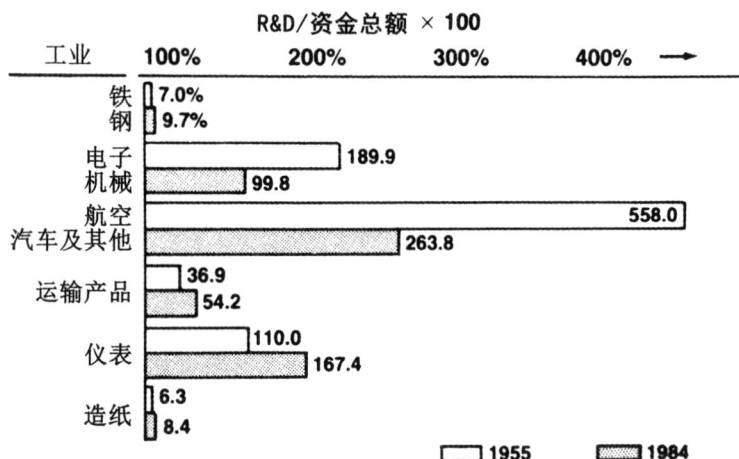

R&D/资金总额 × 100

工业	100%	200%	300%	400% ⟶

铁 7.0%
钢 9.7%
电子 189.9
机械 99.8
航空 558.0
汽车及其他 263.8
运输产品 36.9 / 54.2
仪表 110.0 / 167.4
造纸 6.3 / 8.4

□ 1955   ▨ 1984

图23　研发支出占资本投资的百分比

航空公司的研发支出是工厂和设备支出的5倍。另一方面，钢铁公司的研发支出不到总资本支出的1/10。

资料来源：麦格劳-希尔经济学杂志，1984年5月。

假设我们处于从真空管到晶体管的技术断层期，并在此期间进行投资。在这种情形下，两种技术中都有大量的科技潜力。可能晶体管的技术进步率更高一些，但因为销售基础不强，所以，产出率可能也比较低。真空管的技术进步率可能低一些，但是这种技术仍然有价值，而且产出率合适，并且制造商可以影响销售量，所以，真空管的产出率仍然很高。所以，两种情况下的研发收益率都很高，有可能两种技术的研发收益率是一样的。在晶体管时代的早期，研发乘数很高，因为公司必须进行设计、制造、测试和调试，以保证所有的设备都能正常工作。另一方面，真空管设备在长期内得到稳步改善，单位研发费用需要的资本要少一些，因此，在晶体管时代的早期，它的研发乘数可能比真空管高很多。一段时间以后，真空管的成本效益仍然保持相当稳定，然而晶体管技术也取得很大的进步。此时，如果进一步进行研发，晶体管的研发乘数就要比真空管低了，晶体管的资本收益率提高。断层出现了，晶体管的生产商也随之增加。比如，芯片制造商正在建造一些高产工厂，而这些工厂的成本甚至超过1亿美元。即使他们在研发上进行了数量可观的投资，但研发乘数可能很小。工艺变化的速度太快了，所以，公司仍然迅速地建设新工厂。

在某些行业中，尤其是化工、石油和制药业，新技术和现有技术的研发乘数差不多一样大。在这种情况下，可能我们只需要考虑研发收益率，就能计算出最佳投资额。这并不是建议那些公司用研发投资收益率代替资本收益率作为衡量公司业绩的基本标准。大多数公司面临的最大的长期约束是资本，因此，它们的目标不仅仅是高研发收益率，还有高资本收益率。其实在很多情况下，这两个目标是一致的。

因此，通常的情况是进攻者在技术进步率和潜在的产出率上具有优势。当把这两部分乘在一起时，收益率方程的两部分向管理者提出了巨大的挑战，一个他们必须及时回应的挑战，不能有半点犹豫，因为这种挑战给他们反应的时间通常很短。

设想这样一种情境：一种新产品进入市场，与现有产品形成竞争。现有产品的现金（可变）成本和总成本都不会随时间而改变。更进一步，假设新产品比现有产品的成本更高（现金成本和总成本的和），但是因为技术不断进步（参见附录3），新产品的成本迅速下降。在某一点，新产品的总成本等于现有产品的总成本，然后新产品的成本进一步下降，它的总成本就比现有产品的总成本低。如果新产品的成本继续下降，就像在许多断层期发生的那样，新产品的总成本降到与现有产品的可变成本相等，然后降到比现有产品的可变成本还低。这是一个严峻的形势，因为这意味着新竞争者可以建造一个工厂，并收回成本。如果现有厂商继续留在这个行业中，它就会破产，但很有可能它已经意识到这种状况，所以不久就从这个行业中退出。不管从经济的角度看，还是从技术的角度看，到这时断层就结束了。

可能有人会问，这种情况发生的速度有多快？产品的可变成本达到总成本的60%并不是一个普遍事例。人们会认为这是一项好业务，它为所有其他成本提供40%的差额。从常规出发，假设新技术的总成本以每年20%的比例下降，可能对电子产品来讲，这个估计有点保守。从断层开始（两种产品的总成本相等）到结束（新产品的总成本等于现有产品的可变成本）要多长时间？两年。在第一年结束时，进攻者可以在收回总成本的同时，使市场价格下降20%。这样可以使现有生产者原本很高的边际收益率降低一半。防守者会感到压力并努力进行回应。但是到第二年年末，进攻者又使价格降低20%，并且使防守者的产品销售量降低。这些经济学原理，可以解释第六章结尾所讨论的市场份额的迅速变化。潜伏周期和市场份额的迅速扩张或萎缩（取决于这个公司是进攻者还是防守者）并不是偶然事件，因此，我们可以对此进行理解、分析以及预测。

这些事实背后的经济学问题是，什么原因导致了技术之间的快速更替？尼龙产业总成本与可变成本的差额是30%，与旧技术相比，新技术的成本每年降7%。因此，技术更替用了4年时间才结束。在此期间，萘的市场份额从80%降到30%左右（图24）。

百分比

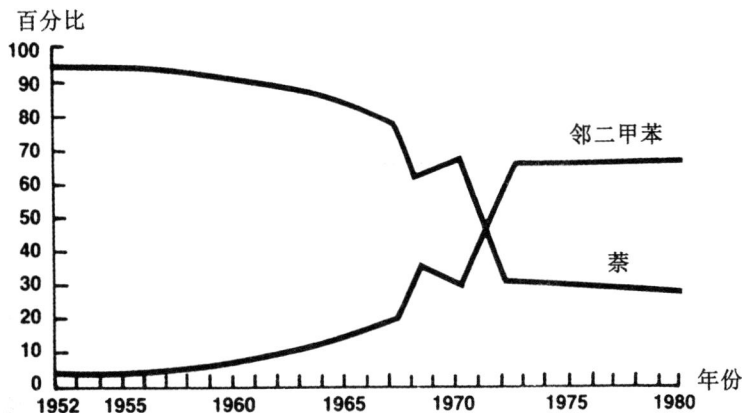

图24　尼龙原料市场份额

　　受其背后经济学原理的推动，邻二甲苯作为苯酐的原材料，其市场份额在4年的时间里从30%增长到80%。

家政学

　　家政学可能是进攻者拥有的另一个经济优势。进攻者通常都是小公司，或是从大公司分出来的一个很小的分公司。对于这些公司的管理人员来说，他们一生的财富——房子、配偶、子女，每一件事情都有赖于生产出有竞争力的新产品。而大多数防守者都是享乐主义者，觉得消费是很一件很享受的事情。他们不像进攻者那样绝望，也不像进攻者那样能感受到竞争的激烈程度。防守者的自满加上技术进步率和产出率上的劣势，使进攻者本来就拥有的巨大优势进一步增强了。

幸运的是，进攻者也有一些内在的弱点。但为数很少。除非防守公司能够防止因野心过大而犯错误，能够理解技术极限，并且果断地决定在防卫的同时发起进攻，否则，防守者仅仅利用进攻者的这几个弱点，并不足以打败进攻者。

08

第 八 章

Counterattack: The Best Defense

反击：最佳的防守方式

—— // 人 \\ ——

IBM最成功的业务是通用计算机系统，但在不久的将来，它将不再是市场的主导力量……数以百计的新公司会涌入市场。

——奥斯本计算机的发明者亚当·奥斯本（Adam Osborne）

1983年9月13日，奥斯本电脑公司申请破产。消费者不再购买已上市的奥斯本电脑，因为奥本斯电脑公司宣称他们即将推出改进的新产品，所以消费者都等着购买新产品。但很遗憾，公司没有按时推出新产品。进攻者不可能永远处于不败之地，事实上他们确实会失败。甚至当防守者的心理和经济上存在劣势时，进攻者也经常失败。把上述含义用更清楚的语言方式表达出来就是：精明的防守者会找到抵御进攻者的办法，至少是短期的反击。

空中混战

商业喷气式飞机的发展就是一个很贴切的例子。第二次世界大战后，同时有几家公司共同研发喷气式飞机。英国研发的"慧星号"是第一代喷气式飞机，它采用标准的机翼设计，并把喷气发动机固定在机翼上。这种设计有一个缺点，就是不稳定，飞机在高速行驶时会摇晃震动，于是他们放弃了这种设计方案。麦克唐纳公司（McDonnel Company）、道格拉斯飞行器公司（Douglas Aircraft）和洛克希德公司（Lockheed）是引领美国飞机制造业的公司，它们看到英国公司失败了，于是就开始自行研发商业喷气式飞机，这些公司仍旧用螺旋桨作为飞机的动力装置。

当时波音公司还是一个小公司，但他们有一个更好的设计方案。波音的工程师们认为掠翼式喷气飞机会更稳定。这种想法没有经过实际的检验，所以，这种判断无异于是一场赌博。然而事实证明他们的想法是正确的。不久波音公司就推出了707系列飞机。一度弱小的公司就成了行业的领导者。从这个角度看，它的竞争者唯一可做的就是不断追赶它。成功推出707系列之后，波音公司就有了足够的现金，于是它立即开始研究设计下一代样机，也就是727系列。在资源相对有限的条件下，波音公司开发出了727系列飞机。就像麦克唐纳·道格拉斯公司在资源有限的条件下推出DC-8系列一样。波音727系列是一个巨大的成功，在接下来的25年中，它是唯一一种真正赚钱的飞机。

空中客车公司是欧洲商业喷气式飞机制造商。20世纪70年代中期，空中客车公司开始攻击波音公司，波音公司成为市场防守者。作为进攻者，空中客车公司很早就开发出双引擎飞机，这是一次意义深远的成功。而这种双引擎飞机，是从1974年到波音767投入运营8年期间唯一的双引擎飞机。这种新设计使空中客车生产的飞机可以节省大量燃料，降低燃料费用。在3年的时间里，空中客车的市场份额从不足3%飞升到38%之多。实际上，在1981年，空中客车接的新订单已经超过波音公司。航空公司在购买新飞机时，会受很多因素的影响。但是在近代，燃料效率和飞机价格一直都是最重要的因素。空中客车在这两方面都做得很好，它开发的飞机，不仅价格低，同时还节省燃料费用。

波音公司成为市场防守者，并且开始反击。波音公司反击的手段，就是向航空公司提供改进的设计方案，并提供大量的产品支持。它提供的产品支持主要是向航空公司提供免费备件和免费培训，并承诺会比空中客车提前交付下一代产品，也就是中型商业喷气式飞机。

波音公司玩了一个精明的把戏。这个策略看起来作用不明显，起效也很慢，但它确实是利用这种方法来处理工程和测试问题。通过这种方法，波音公司至少可以赶上空中客车公司，并有可能超越它。波音公司在初期设计上花费的时间是空中客车的2.5倍。但这是值得的。波音公司的组装时间比空中客车公司晚几个月，但它首次试飞的时间要比空中客车公司早几个月。初期设计阶段与生产阶段相比，设计阶段的成本更低，生产阶段的成本更高。波音公司在设计阶段的支出比空中客车高，但它在生产阶段保持低成本，所以，波音公司的总成本比空中客车低。通过这种策略，波音公司取得很大的成功：一些航空公司开始与波音公司签订订单，美国联合航空公司、泛美航空公司和美国达美航空公司仅仅是这些航空公司中的三家。而这些航空公司原本要与空中客车签订订单。

后来，空中大战不再是独立的飞机市场竞争，它与发动机制造商之间的竞争搅在了一起。例如普拉特·惠特尼公司（Pratt &Whitney）和通用电气公司之间的竞争。

空中客车公司当时开发A320系列新型客机，这种新型客机能承载164人。空中客车公司在这种新型客机上投资达40亿美元之多。第一代A320样机使用鼓风式喷气发动机作为动力装置，这种发动机由美国通用电气公司和法国斯奈克玛公司（SNECMA）联合制造。在后期的样机上，空中客车公司将装配其他发动机，而这种发动机由以普拉特·惠特尼公司为首的公司团体设计，交货日期是1987年。也是在1987年，美国通用电气公司和波音公司达成协议，由通用电气公司为波音公司的新型飞机提供具有革命性的新型发动机，也就是通用电气公司新开发的螺旋扇发动机，这种发动机在保证等速的条件下会节省燃料。事实上，通用电气公司宣称，新发动机的燃烧效率可以达到现在的两倍以上，比现在的任何其他发动机都高25%。这样，航空公司就可以节约大量成本。如果石油价格保持在25美元/桶，那么，对任何一家较大的航空公司来说，使用这种发动机，每年可以节省6000万美元的燃料费。问题是通用电气公司的这种新发动机还没有通过验证，在1991年之前无法投入使用。而普拉特·惠特尼公司宣称，他们的新发动机的效率，比现在效率最高的发动机还要高14%。在1991之前，空中客车的下一代飞机就可以装配这种发动机，并重新飞上天空。航空公司是等待装配通用电气生产的发动机的波音飞机，还是会选择装配普拉特·惠特尼公司生产的发动机的空中客车飞机？这个问题的答案将决定空中客车的命运。而空中客车已经把公司命运赌在了下一代产品上。如果作为防守者的波音公司能战胜空中客车公司，空中客车公司就会陷入了严重的财务问题。不管结果是什么，这个过程中出现的攻击和报复，都可能是双方在竞争中采取的典型行动。

进攻者未必常胜

之前，我断言十分之七的防守者会被打败，但那并不意味着只有十分之三的进攻者会失败，实际进攻者失败的比率比那个数值要大。首先，一次进攻很难取得彻底的胜利，进攻者必须不断发动攻击，才能把防守者挤出市场。其次，很少见到某一家公司完全拥有某项新技术，更多的情况是伴随一项新技术的出现，市场上出现多个竞争者。

在20世纪最初的几年，美国的汽车制造公司不少于250家。在锗业务发展鼎盛时期，50多家锗生产商都试图抢占真空管市场。如今，200多家生物技术公司想要消灭领先的制药公司。又有谁知道有多少家微处理器公司正在为打败英特尔或德州仪器公司而努力奋斗呢？

进攻者像防守者一样经常犯错，它们犯错的频率甚至可能更高。从本质上来讲，它们是机会主义者，在学会走之前就想要跑，并渴望对竞争者形成致命的打击。它们的行事原则是，在发布年报前一段很短的时间里才形成竞争概念和战略思想。它们的销售人员无法从客户和销售渠道获取有价值的信息，市场、研发和生产部门相互之间也不联系，工厂里的设备无法测试新产品的运行情况，它们也不会很频繁地确定自己的竞争者，对竞争者进行的分析就更少了。

我就亲眼见证了Gavilan电脑公司的命运。1982年，芯片制造商齐格洛公司（Zilog）的前总裁曼尼·费尔南德斯筹集了310万美元成立了便携式电脑生产公司，也就是Gavilan电脑公司。过了一年多，费尔南德斯在一次商业展览上展示了第一批产品，购买者表现出极大的热情。但是随后问题就出现了。包括康柏公司、惠普公司和网格公司在内的其他公司觉察到一个潜力巨大——据估计超过40亿美元——并缺少竞争的市场，于是它们也开始研发便携式电脑。为了尽快打开市场，费尔南德斯与日本日立公司达成协议，日立公司答应为Gavilan电脑上的3英寸磁盘提供磁盘驱动器，同时解决与苹果丽莎机的软件兼容问题。然而日立公司没能按时交货，丽莎机也失败了。更糟糕的是，其他公司都开始使用3.5英寸磁盘，并且这种磁盘与IBM机器兼容。瞬间，一度很受关注的费尔南德斯便携式计算机，成了不符合行业新标准的产品。费尔南斯德努力进行改变，甚至筹集了更多的资本，但仍继续亏本。1984年10月，Gavilan公司宣告破产。

数以百计可能成为进攻者的公司，因为无法控制进攻过程而失败。导致这种情况发生的原因数不胜数。如果公司的进攻依赖于扩大其专业领域，它们就会失败。例如，如果擅长合同研究工作的Crackerjack公司开始搞生产经营，它就会迅速破产。糟糕的设计经常意味着丧钟的哀鸣。如果机器零件太多，就很难把它们装配起来工作。说明太复杂、自动化程度不够、财务状况糟糕、债务太多、股权太少、分销渠道选择失误……都可能是进攻者失败的原因。例如，数码手表的早期生产商试图把电子表当作装饰品引进市场，结果失败了。珠宝商不愿因为接受这种竞争性很强的低价产品而危及现有业务。这真是一个代价高昂的错误。最后，一个销售员带着电子表选择其他的销售渠道，先是到药店，接着又去了五金商店。优雅的珠宝商不得不争先回到自己的业务上进行防守。但是数码手表生产商失去了宝贵的时间。于是，像德州仪器公司这样的防守者可以利用这段时间开发新技术。

所以，即使进攻者作为一个群体更容易成功，但个体进攻者常常发现很难获胜。不管你选择哪个进攻者阵营，失败的概率都成倍增加。

防守者的防御

从防守者的角度看，创业的死亡率很高。例如电子行业的创业死亡率是三分之二。但是如果只看到单个进攻者被击败的概率，防守者可能会忽略集体进攻会成功的这个要点。事情的顺序变了。典型的情况是，防守者会进入一个已经被有限寡头公司分割的市场，但可能市场上还有十个竞争者，在这些竞争者中，三或四个公司支配着整个市场。然后会出现五十个或者一百个进攻者，或者像汽车、生物科技和微型电子计算机的例子一样，有两百个进攻者。如果进攻者成功的比例是三分之一，或者甚至只有十分之一，也会有大量进攻者存活下来。他们会对防守公司造成危害。进攻者作为一个团体，会和几个防守者一起占据整个市场。其他大部分防守公司都被消灭了。

但就像波音与空中客车的竞争那样，防守者可以还击。一般来说，防守者有三种反击进攻者的手段——跳跃到一个新的S曲线上、增加现有S曲线的斜率，以及增加财务能力。例如，波音公司既具有很强的财务能力，又具有开发新技术的能力。曾经有一段时间，通用电气公司受到英国EMI唱片公司在医疗设备技术上的突然袭击，而它对此的反应与波音公司相同，那就是进行反击。

EMI是英国一家成功的唱片公司，但在很多年的时间里，它的市场目标定位都很稳定，主要迎合英国人和小部分美国青年的口味和风格。后来，EMI在美国的子公司开始销售披头士乐队（即甲壳虫乐队）的唱片，它进入了发展的重要时期。有一部分原因来源于甲壳虫乐队和其唱片的大量销售，20世纪60年代，EMI取得足够的现金流，进而为其进行多元经营提供了资金保障，这个方案使EMI向电子产业迈进，并开始生产电子元件。

EMI有一个叫戈弗雷·亨斯菲尔德（Godfrey Housfield）的工程师，很偶然，他的邻居恰好是一位脑外科医生，这个医生经常抱怨工作进行得不顺利，因为X射线无法照出脑部的肿瘤，也就无法确定肿瘤的位置。戈弗雷·亨斯菲尔德对此产生了兴趣——如此浓厚的兴趣，致使他最终发明出把X射线与数学分析相结合，并以此确定肿瘤位置的方法。他因此成名，人们把这种技术称作计算机断层扫描技术或简称CAT扫描技术。也就是因为这个发明，亨斯菲尔德获得了诺贝尔奖，并获得爵士头衔。

对EMI公司来讲，计算机断层扫描技术意味着一项全新的业务，以及为全欧洲的医院提供医疗设备的商业机会。几乎一夜之间，EMI公司转型成为一家高科技公司。它战胜了向放射学者、医生和医院提供X射线设备的传统供应商——例如通用电气、西门子和飞利浦这样的公司。EMI公司受到大西洋两岸所有投资者的青睐。看起来它似乎拥有无限的发展前景。

但是医疗技术市场的进步迅速，而且成本高昂，所以，EMI公司的成功很短暂。作为一个进攻者，它没有准备好应对对手发明的跳跃式战术。与现存的X射线设备相比，EMI公司的计算机断层扫描仪是一个意义重大的进步，然而这也只是它自身发展的第一阶段——处于S曲线的起点。假设一个公司有足够的资金进行必要的研发和处理，技术改进就相对容易。不幸的是，EMI公司的技术很成熟，但缺乏资金。通用电气、西门子和飞利浦的财力都比EMI雄厚，EMI公司根本没有足够的财力保持与这些公司相同的创新速度。之后，EMI公司想投资开发下一代计算机断层扫描仪，这项研发的投资预算比公司的总收入还高。因为订单减少，公司利润降低，无力承担新产品的研发成本，所以，当它的竞争对手借助改进的CAT扫描仪超越它时，它也只有眼睁睁地看着的份儿了。

1979年，也就是亨斯菲尔德获诺贝尔奖的那一年，索恩电子有限公司收购了EMI，并且迅速地以3200万美元的价格把北美以外的电子断层扫描技术业务卖给了通用电气公司；以保守的500万美元的价格，把美国北部的业务卖给了OmniMedical。EMI公司的进攻失败了。或者从另一个角度说，防守者的反击成功了。

跳跃式进步

在大多数情况下，如果进攻者的产品或技术距离极限很远，防守者就可以跳跃前进。换句话说，如果技术潜力很大，并且跳跃到新S曲线上的成本不高，防守者就可以跳到新的S曲线上，以取得进步。电子产业、生物科技、材料科学、医疗保健和人工智能都可以看作是这种类型的产业。相反，如果科技潜力有限，跳跃到新S曲线上的成本很高，在现有的竞争中可获得的增量收益较少，那么，跳跃式进步方法并不容易取得成功。可以预言，在跳跃前进时期，随着防守者产量的下降，或随着不断增加的竞争公司涌进市场，价格就会受到下降压力。

在模仿成本比发明成本低很多的时候，跳跃前进的效果最好。在军用设备采购中有一些证据，以飞行防撞系统为例，第二代应用程序的开发成本比第一代降低了90%，第四代程序的开发成本比第二代产品又降了90%。如果模仿者一直等到第二代产品出现，就可以节省大量成本。这就是驱使进攻者袭击防守者的经济学原理。仙童公司把莱斯特·霍根（Lester Hogan）从摩托罗拉公司公司挖了过来，摩托罗拉则从德州仪器挖来阿尔·斯坦（Al Stein），基因技术公司从美国雅培公司雇到柯克·拉布。从这些事实中可以看到，突袭的价值很大。

如果发明成本比模仿成本低，相反的结论也成立。当模仿受到专利或商业秘密或高进入成本的阻碍时，这个条件就成立。在这些情况下，公司就会进行研发投资。为了保持公司的领先地位，这些研发是必需的。

加速

防守者可以通过投资来争取研究的时间，并像19世纪的造船商那样，提高产品进步的速度而进行转变。这是能够降低（但不能最终消除）进攻者优势的反击方法。美国通用汽车公司和福特汽车公司都试图通过改进标准的（奥托循环）发动机设计方案，阻止进攻者推出新型汽车发动机，例如燃气轮机。类似的，金属制品生产商通过引进高强度低合金的钢制品，限制在汽车和其他商品上的塑料和陶瓷使用量。"流体床"生产工艺可以降低燃煤设备的成本，以防在某些时候，燃煤设备被核动力所取代。

如果进攻者错误地估计了防守者提高产品成本效益的能力，那它就处于被动的地位。进攻者很难理解防守者的技术极限，因为两者使用的技术通常不一样。如果进攻者不清楚防守者可能采取的反击手段，那它的攻击在防守者的反击面前就会显得很无力。如果它能成功，防守者必定很难复制它的产品，也很难以相近的价格提供相同的产品。正确地决定是否进入市场，关键在于竞争力分析。通常，这种分析需要搜集新技术的相关数据，而这种数据只有通实验才能获得，但实验可能需要一些专业技术，而公司本来不具备这些技术。但是像位于卡罗莱纳州北部瑞利-德拉姆的巴特尔纪念学社（Battelle Memorial Institute）、美国中西部研究所（Midwest Research Institute）或三角研究院（Research Triangle Institute）这些组织，都可以提供这种服务，它们存在的意义也正在于此。

许多进攻者在成功的早期都会犯一个致命的错误，那就是由于担心防守者会加速进步，于是决定拿公司的命运进行赌博。它们推迟进入市场的时间，直到设计出自以为是的最终产品。如果防守技术的进步和提高潜力不大的话，这种方法有效。但是如果防守者可以逐渐改进技术，进而保护它的市场、消费者和公司形象的话，这样进攻可能就会失败。到时进攻者再带着它的"撒手锏"产品进入市场，也很难会对防守者产生威胁。

混合产品

帆船生产商的一个重要反击战略就是混合产品（或工艺）。成功的防守者通常会把新技术的元素添加到旧产品中。例如把蒸汽发动机安装到帆船上（图25）。这样，在有风的情况下，船可以更快地航行；进入赤道无风带时，船也不会失去动力。有一段时间，混合船比单纯的帆船或蒸汽船的成本效益都高。混合船的使用期几乎达到了

图25　"响尾蛇号"，1845年

一艘混合船。它是一艘蒸汽动力帆船还是一艘帆动力蒸汽船？

资料来源：Enzo·Angelucci和Attilio·Cucari，麦格劳—希尔出版社，1975年。

100年———个很长的断层期。

在汽车工业最初也曾有混合产品。即使人们最初把这种产品称为"自行马车"（或无马之车、无马马车），但是确实有一段相当长的时间，马作为后备动力必须跟着汽车。在轮胎发展史上，我们不是从四层斜纹轮胎直接发展到子午线轮胎，而是先过渡到斜向交织层辐射轮胎，然后才发展到子午线轮胎。电子工业也曾经有很多混合产品，例如收音机和电视机，它们都同时使用电子管和晶体管。对大多数人来说，对阿斯巴甜（Aspartame）或者纽特健康糖（NutraSweet）的第一印象是它们是含糖精的混合产品。

通常我们不知道怎样处理新技术或新材料。第一座铸铁桥现在仍然仁立在伦敦，它的结构很漂亮。但它也仅仅是材料上的铸铁桥而已，因为它是完全仿制木桥建造的，桥身直接建在支撑的桩子上。为什么？因为谁也不知道怎样设计修建一座铸铁桥。它只是用铁做材料，根据木桥建造技术修建的桥。

在某些特殊市场上，混合产品通常都会很成功。如果要运送贵重货物，并且航程很远，同时还要穿越可能会无风的海域，例如横穿大西洋，这种情况下帆船和蒸汽船的混合船就很适用。但是如果在加勒比海域附近运送价值较低的货物，因为有季风吹过，并且燃料的价值甚至比运送货物的价值还高，这种情况下混合船就不适用了。

新技术还不够成熟，旧技术由于老化而需要改进，混合产品就是这两种情况的一个折中产品。这不失为一个解决问题的办法，利用这个办法，我们可以通过市场，而非通过研究，迅速而廉价达到目的。这也是暂时维持企业销售量和市场地位的方法。但是很多公司并没有想要设计混合产品。相反，它们要么尝试使用纯帆船，要么采用新技术进行直接的反击，例如"全固态"电视机、子午线轮胎、抗癌药物、纯蒸汽动力船。但是一般来说，使用混合产品这种方法既可缩短产品研发时间又廉价。

作为对米其林公司的回应，古德里奇想把子午线商标卖给底特律，但底特律没有购买。新的子午线轮胎适合在更粗糙的地面上行驶，但需要为之配备新的减震系统，而公司没有时间重新设计减震系统。固特异推出斜向交织层辐射轮胎，并因此成功了。实际上，这种轮胎就是一种混合产品——传统斜纹层轮胎和新子午线轮胎的混合产品。这种斜向交织层辐射轮胎的优势在于底特律公司接受它。另外，只要把传统的轮胎生产设备以很低的成本稍微改装一下，就可以生产这种轮胎。所有这些条件，使固特异公司在20世纪60年代早期和70年代后期都很成功，并且成功防御了米其林公司的市场进攻。

然而就像我们知道的那样，最后子午线轮胎赢了。固特异公司不得不竭尽所能生产子午线轮胎，并因此付出巨额成本。作为暂时的替代品，它的混合产品性能很好。然而，这不是最终的胜利。长远看来，学习如何使用新技术进行攻击是很重要的。如果公司的管理很糟糕，在开发混合产品耗尽了资源，那公司处境就很危险了。

IBM与王安电脑公司

有几个公司表现很好，它们是成功的防守者，懂得如何反击。IBM同时对个人计算机和磁盘存储器业务上的竞争者进行反击，想一想那时的情况吧。存储技术公司失败了，于1984年10提出破产申请。它的收入最高时达到10亿美元，而从那时到破产，其间间隔不到两年。王安电脑公司没有破产，但自从它开始在办公系统业务上与IBM

直接竞争开始，它新任命的总裁就去做其他事情了，而由已退休的总裁王安回来管理公司业务。

IBM的准备工作做得很好，具备了报复竞争者的手段，那就是攻击它们的弱点。它知道怎样利用资源改进产品、降低价格。在其他的反击战术上，它也很有经验，例如发布技术改进公告，促使消费者推迟购买与它们竞争的产品，直到IBM的新产品上市。

在与IBM直接竞争之前，王安电脑公司曾经在文字编辑软件和小型电脑的竞争中成功地保护了自己。例如在1975年，中恒公司推出小型计算机系统"310系统"，IBM公司努力恢复自己的市场地位，于是推出32系统。王安电脑公司受到威胁。然而很快，它就推出王安电脑系统10，20和30，这个系统的价格比IBM低20%，还提供了6倍的周边系统选项，于是受到消费者的欢迎。借助这个系统，王安电脑公司在1976年抢回了98%的收益。20世纪70年代后期，王安电脑公司在文字编辑软件业务上采取同样的方法，利用一种新打印机重新占领市场份额。这种打印机带有一个像电视一样的屏幕，用来显示打印的版面。这台机器还包含一个英特尔微处理器，这样它就可以在提高运行速度的同时缩小机器的尺寸。就像纽约时报在1980年报道的，"现在，所有公司都按王安电脑公司的方法进行生产。"[1]王安公司认为IBM的反应不会很强烈，但他们并没有充足的理由支撑自己的判断，这是一种赌博式的判断。"他们的大量设备都是租用的，所以，IBM不会愿意迅速地对生产设备进行大幅度的改动。"王安在1976年这样说。[2]有一

---

① 《王安电脑实验室与IBM直接竞争》（*Wang Labs,Head to Head against IBM*），《纽约时报》，1980年2月24日，F3版。

② 《战胜王安电脑公司》（*Winning With Wang*），《福布斯》杂志，1976年10月15日，第104页。

段时间王安电脑公司是对的。IBM花了几年的时间才赶上来，但是到了1980年，IBM利用文本处理系统在低端产品市场上开始超过王安电脑公司，因为这个文本处理系统比王安电脑公司的同等机器要便宜得多。

宝丽来是另一个懂得反击的公司。它在改进胶卷质量和照相机技术的同时降低价格，用这种方法抵挡了当时柯达公司发起的进攻。

施乐公司是另一个例子。很多人都记得施乐公司在低速复印机竞争中是如何失败的，但忘记了它在多么早之前就打败了IBM和柯达，成功守卫了这个广阔的市场。最初IBM和柯达窃取施乐的客户，但是它们很快都发现复印机是种很复杂的机器，因而其制造和运行的可行性都很差。施乐公司依靠侵略性的低价格和技术上的优势，加上高度的财务管理，成功抵御了这两家公司的攻击。

如果进攻者债台高筑，在进行产品开发时还要面临贷款的巨额利息，那么，财务状况良好的防守者实行侵略性的降价就会特别有用。像通用电气公司和美国无线电公司，这些巨型公司的子公司都会发现，如果它们的母公司同时受到几种不同产品的竞争，并且因此而被迫注重财务状况，那么，如果他们想以其他产品进攻别的公司而寻求母公司的资金支持，就会变得很困难了。

如果防守者觉察到自己即将受到其他公司的攻击，就可以把产品价格降到低于进攻者的可变成本。进攻者的亏损期通常很短（比如1年左右），而防守者在此期间必须迅速行动。进攻者为了弥补亏损，必须动用储备资金或贷款，或发行股票。但是在亏损的时候，后两种方法在资本市场上可能都没什么吸引力。

进攻者的狂妄

　　进攻者不一定是商业道德的典范，但不管看起来有多危险，它们却总是消息很灵通，竞争意识很强，并且精于公司的运作。进攻者经常犯的错误就是试图把过多的新技术融合到自己的产品中，但这种做法会产生很大的风险，以致在开发或生产过程中出错，需要耗费大量资金进行补救。吉恩·阿姆达尔（Gene Amdahl）的三部曲公司（Trilogy）就试图在晶片规模技术上这样做。它的野心太大了，想采用的新技术过多，所以从一开始就失败了。

　　过早进入市场是进攻者的另一个错误。或许它们的知识构建工作进行得太快；或许它们在研发上投入了太多资金，因而想要获取收益；或许它们在技术研究上花费了太多的时间，所以管理人员说："就是它了！我们拥有的已经足够了。我们要马上进入市场。"不管原因是什么，过早进入市场通常都会失败。防守者会拼命降低价格，展开强劲的反击从而击垮进攻者。

　　有时防守者的运气很好，它们根本不需要做太多的事情就能击退进攻者。想一想20世纪50年代中期，石油和化工企业想要提高世界食物供给这件事情。当时的石油价格是1.5美元/桶，所有的专家都认为，世界的头等问题不是石油供给不足，而是发展中国家的食物短缺，但是英国石油公司和埃克森［也就是后来的埃索（ESSO）］却有一个想法。它们的计划是找到一种微生物———一种菌——它可以分解石油，并重新合成一种廉价的蛋白质。一旦这种菌在合成过程中耗尽自己的能量，公司就把它们从剩下的石油中过滤出来，冲洗干净，然后卖给农民用做动物饲料。20世纪60年代中期，英国石油公司宣布，它的技术可以应用在炼油厂中，每年生产400亿磅的纯净蛋白质。截至20世纪60年代后期，全世界大概有20家公司进行这种生产活动。到了80年代情况就不一样了，这种蛋白质的总产量可能不会多于5亿磅。

两个问题降低了预期的增长率。一个是防守者的反击。作为防守者，大豆供应商提高了产量。对进攻者来说，更具毁灭性的问题是产品价格的提高。除非在某些特殊的情况下，否则，用石油做菌原料的成本实在太高。英国化学工业公司是一个石油蛋白质生产商，它与苏联达成一项特殊的协议，应用它的技术生产这种蛋白质。但是在世界上其他完全竞争的地方，那个当时看起来很伟大的思想，其发展却受到了严重的阻碍，因为有些事情是开发这些技术的公司控制不了的。

避免麻烦

自1851年成立，美国康宁玻璃中心存活了下来，并且比那时存在的大部分公司都发展得更好。康宁的首席执行官杰米·霍顿、研发领导和副首席执行官汤姆·麦卡沃耶（康宁的前首席执行官）告诉我，他们成功的秘密就在于确定极限，并寻找合作伙伴。在寻找合作伙伴方面，康宁有很好的办法，或者说能找到好办法，以找到良好的合作伙伴。

"人的选择是我们寻找合作伙伴的关键因素，"霍顿说，"我们清楚自己拥有的东西和缺少的东西，然后去寻找我们没有的东西。从可选集中挑出最优秀的那个人，成立一个公司，组建一个独立的理事会然后就放手。我们已经拥有欧文斯科宁玻璃纤维公司、道康宁硅胶公司和杰能科陶瓷生物科技酶公司，以及其他六个分公司。我们对所有这些分公司都非常满意。"

一些公司通过购买专利技术来解决问题。如果所有其他办法都不起作用的话，这个办法是可行的，但存在风险。没有公司可以保证当自己需要一项技术的时候它就刚好存在。有可能其他竞争者已经获得了这项专利的使用权。即使存在公司需要的专利技术，但也有可能出于反垄断的原因，公司买不到这些专利，或者专利技术无法像它宣称的那样起作用，再或者这项专利技术的竞争力不强。很明显，处于技术最前沿的公司要经常观察市场，以确认开发哪种产品对自己有利。但是在处理公司内部的研发成果时，公司都会申请专利，而不是使用其他方法。

在《三位一体的力量》（ *Triad Power* ）这本书中，大前研一强烈建议利用财团和国际联盟购买或出售技术。他警告说，一个公司不可能自行研发某些领域内所有可以创造利润的技术。但他同时还警告说，在某些生死攸关的功能上，例如研发，不要过分依赖竞争对手，也不应该减少投资。

一些公司曾经试图投资于多种技术，通过这种方法分散风险。如果购买100股或1000股IBM股票，投资回报率是相同的。但是如果投资100万美元或1000万美元开发新兴的技术，风险和风险回报率当然不同。投资越多，回报越高，除非投资重复以前的错误。生产率降低了，但把工作做好的概率增加了，成功的机会也增大了。最终，公司不得不把命运赌在一些关键的技术上面。如果分散风险是唯一目的，那么，把投资分散于不同的技术上并不能达到这个目的。不仅如此，进步的速度也会慢得像爬行一样。

技术断层意义深远，它的核心就是公司改变其技术基础。技术改变需要一段很长的时间才能完成，不仅因为必须要找到合适的人，并对其进行训练，还必须让现有雇员做一些改变。让造帆船的人改造蒸汽船、造四轮马车的人改造汽车、造机床的人改使用计算机集成制造系统，这些转变是不可能的。解决这些问题变得越来越困难。在欧洲它就是问题，在美国却可能没那么严重，在日本可能也不是很严重——忽视它就是短视的表现。成功的关键在于预期转型的需要，以便企业有足够的时间通过退休和再培训对现有工作人员进行改造。

如何找到新技术

管理人员同时面临另一个很难解决的问题，那就是如何有效地获取新技术。尤其是新人。为什么一个技术超凡的陶瓷技师要加入一个塑料公司？为什么一个一流的电子工程师要加入一个造纸公司？千里马也要寻找伯乐。他们希望自己所在的地方都是天才，这样他们才可以把自己最好的才能表现出来，得出最好的成果。他们不想在官僚的斗争中被埋没。

解决这个问题的一个办法，就是让最优秀的外部领导者做公司的领导，这样其他人就会跟着这个领导者进入公司了。许多经历过断层期的公司都曾经这样做，而一般情况下都是让学者来担任这种职务。孟山都公司挖来加州大学欧文分校生物系主任霍华德·施内德曼，哈里斯公司的前身公司聘请美国密歇根大学科学与技术学院的理事约瑟夫·伯伊德作为他们的首席执行官，古尔德公司挖来外部学者作为其子公司的总裁，IBM公司请来美国国家标准局的刘易斯·布兰斯科姆任首席科学家（就像之前他们从美国海军实验室引进挖来曼妮·皮奥里一样），摩托罗拉从德州仪器挖来了阿尔弗雷德·斯坦来管理他们的固态电子业务。

引进新技术的另一种方法是购买。通常，新涌现的竞争者也可以变成供应商。美国曾刊登一则新闻，内容是泰勒斯依维艾集团（Telex EVI）对IBM提起诉讼。这则诉讼的内容表明，IBM公司非常清楚地了解最小型电脑主机以及生产这种主机的厂商，即使在区域市场上，IBM公司也具有这种能力。于是它调整市场战略，让这些新兴的竞争者成为它的供应商。

在某些行业中，潜在的相关技术实在太多了，公司必须挖来这些技术的开发者，以获取这些技术——把进攻者变成同盟军。许多大型制药和化学公司，不停地评估当时出现的大约200家生物技术公司。很难说这些评估是否准确，但是它们已经开始努力获取这些技术。例如，伊莱·利利公司（Eli Lilly）购得杂交技术（以高于其他公司10倍的出价），有了这种技术，它就可以在医学诊断中使用单克隆抗体，这样它们的新药就受到专利保护。

为了把新技术引进公司，收购可能是最快的方法，但是成本太高。购买新技术，通常需要拆分部门，以提供足够的资金，这通常是很困难的。尤其是如果股票市场对此做出错误的反应，后果将更严重。

"死亡之谷"

即便公司获得了新技术，也很难改变它的管理方式。这是一个需要提防的陷阱，也就是古尔德公司以前的首席执行官助理和技术总监鲍伯·伯雷所说的"死亡之谷"。

对于所有已经成长壮大，并且倾向于独立的子公司，母公司都绝对有必要保留它原有的管理方式。但这里有一个问题就是收购的"三年死亡之谷"。我确信你可以像变魔术一样，找出许多这样的例子。首先，收购前你不太清楚会从收购来的公司得到什么。所以，公司在收购中所做的第一件事，就是把被收购公司的总会计师换成自己的总会计师，然后就可以给收购的新公司一些指示。通常被收购的公司是一个相对较小且没有经验的公司，这时有了更远大的抱负，看看它能做出什么成绩。所有公司的会计账目都会有一些小问题，其实公司应该在适当的时候解决这些问题，但实际上却从来没有真正认真考虑——或者因为资源是储备不足，或者是储备过度，或者是以前某个时期就应该勾销掉存货清单——这些事情很复杂，但这些是在资产负债表中应该体现的，应该找时间做的事情。当然了，很快，总会计师就会发现这些问题，而且事实确实如此，他在刚到这家公司的几个月内就发现了。他会告诉那个子公司的总经理吗？当然不会。他不会把晋升的机会让给这个公司的总经理。他会到总公司找CEO和总裁，把这件事告诉他们。"看看我发现了什么。"当初，你与子公司的总经理进行股票交易，现在他们已经变得很富有了。但是发生这种事情，所有人自然都会非常愤怒。通常来说，如果总经理如此愤怒，他就会辞掉子公司总经理。而在子公司，你唯一了解的人就是总会计师了，你信任他，因为他刚刚找出了公司的问题，所以你就让他做了总经理。

当然，接下来的事情就是，所有的部门经理、工程师、生产者和销售人员都意识到，这个人根本就不懂经营。在一段时间内，他们得不到任何正确的领导，因而公司业务会徘徊不前，销售量开始下降，公司发展开始遇到困难，所以他们只好离开了，要么去追随前任经理，要么自己创业。

所以现在，除了总会计师，没有人知道这个企业的任何事情，并且他还有分寸地煽动周围的人离开。实际上，你发现的第一件事就是销售量严重下滑，公司没有推出新产品，生产过程也很糟糕，赤字的程度比地狱还可怕。很明显，你会开除这个总会计师，对不对？接着你就去竞争者那儿挖一个优秀的人来管理这家企业。你把他放进公司，而他首先要做的事情，就是组织他的新团队——这个过程大概需要18个月——然后推出一套全新的生产线，重新开始经营。他开始改变销售策略，从直销到发售给经销商，反之亦然，这个决定取决于这家公司拥有的资源。到一切都尘埃落定的时候，差不多用了三年的时间，公司才得到一个全新的生产线、新工厂和新资源配置。公司又可以重新开始赚钱了。当然，这就是我所说的"三年死亡之谷"。你所走过的路虽然比较简单，但很难让人遵循。当你给新公司成立董事会时，就让他们独立。从形式上让他们独立。如果他们已经有了董事会，就让他们保留自己的董事会好了。现在你意识到，控制总经理的办法就是与他进行股票交易。他已经习惯于看着他的股票价值每年至少增长50%，对不对？而现在他却身处一个每年可能只增长几个百分点的公司。所以大约6个月后，他看着他的股权单，说："我的神啊，我的股票啊，我没有赚到钱啊。"接下来的事情你是知道的，他出现在公司总部，说，怎样才能使这个没有活力的公司脱离停滞，并重新开始增长？你做到了。因为他已经出现了，并且对公司的正常运行很感兴趣。这是很难做到的。

所有人都是相似的。让我们到子公司那里，并找出他们正在做的事情。母公司是来帮你的。所有子公司的员工都非常理解这些话的意思。①

　　在收购过程中避免鲍伯·伯雷的"三年死亡之谷"是至关重要的。耐心培养新招聘的科学家和工程师，以使他们能胜任公司的技术主管一职，就像孟山都公司培养霍华德·施内德曼一样。不知道这是不是一个更简便地改变公司技术基础的方法。这个问题的答案，取决于市场和高级管理人员的耐性。

独立战线

　　上述证据表明，进攻者和防守者应该是不同的公司。事实上，进攻者和防守者应该具备的条件完全不相同。进攻者的关键可能在于技术优势，而防守者的则可能要求营销优势。进攻者做决定的速度通常要比防守者快；进攻者的公司要比防守者的公司小，以便采用不同的管理控制方法，不断发展进步。进攻者与防守者的技术基础也截然不同。进攻者和防守者的条件集合不能混淆。如果把两者的条件集合混淆了，并根据优化理论所做的推测行事，就会降低开发速度。

　　然而这种事情经常发生，因为如果公司进攻失败了，就不再认为技术优势是一个首选战略，而几乎把它看作是防守的后备战略。1971年，现金出纳机公司宣称，计算机是"现金出纳机的重要辅助工

---

① 罗伯特·伯雷（Robert Pry），《技术实施组织》（*Organizing for Technology*），在佛罗里达州奥兰多城市的产业研究学会秋季会议上的演讲，1984年11月。

具"，1968年，美国纤维胶公司发表言论说，"我们真诚地相信人造纤维是最好的轮胎帘线原料"。这两个评论都是很好的例证。许多公司的规划部门都把资金分配在已有业务的防御战略上，而只把剩下的资金用在进攻战略或新商机的开发上。

这种事情会发生，是因为即使防守者意识到技术断层可能会发生，也会错误地认为自己可以控制从旧技术向新技术转化的速度。这些防守者认为，用独立的组织进行进攻和防守毫无意义，因为它们没有看到任何需要着急的理由。许多CEO说："为什么我要在西海岸建一个实验室，承担一份成本，又在东海岸建造另一座实验室，承担另一份成本？我可以只在圣路易斯建一座实验室，只需要一份支出，就可以获得双倍的产出。"事实上，那样确实更节省成本，但我们要追求的是效能，而不是效率。本来我们可以追求更大的效能，但却去追求更高的效率，这无异于是自杀。公司这样做也就不可避免地使其继续使用目前的技术，而公司的竞争者就只需要与这一种技术进行竞争，因而这个公司更容易受到竞争者的打击。

职能型组织最擅长利用现有技术。为了生产一种产品，独立的技术部门、生产部门、营销部门和服务部门会把各自的功能发挥到极限。如果把一项新技术引入这种结构中，会出现什么情况？会把这项新技术放在组织中的什么位置上？如果引进新工程师，公司会把他们放在现有的工程部门吗？如果一个小组成功地设计了一个新产品，公司会指派生产部门的另一个小组来生产它（如果它有机会的话），并指派另一个小组来销售它（随着老产品）吗？这些不同的小组如何协调，并迅速做出决定以适应新市场中的竞争呢？公司不是这样做的。通往成功的必经之路在于职能型部门。如果一个公司有一个竞争对手，这个竞争对手的规模很小，并且只设计、购买和出售新技术，那么，如果防守公司想要保持竞争力，就必须让它的防御组织独立发展。有一些公司就是这样做的。例如IBM成立一个新组织来开发个人计算机，波音公司成立一个新组织来开发757/767系列飞机，施乐公司组建一个团队来开发非复印机办公产品。

但实际上，这样做也会产生问题。公司怎样激励防御组的成员？选择谁来领导防御组？一个后起之秀还是一个有经验的高级行政人员？怎样确定进攻领导者和防御领导者的报酬？其依据是公平性，还是各方所控制的资产，还是他们各自的"战略重要性"？这些问题的答案通常并不是（它们也不应该）一致的，因而会很麻烦。通常情况下，公司得到的答案是综合性的，而非单一的，但是综合性的答案效果很差。

占据技术优势

不管从进攻者的角度看，还是从防守者的角度看，成败的关键都在于能否选择正确的技术。即使公司能够找出可选择的技术，并能确定它们的极限，也不一定会成功。不管对于哪种公司，最佳战略可能都是选择处于上升期的技术，因为当一项技术刚出现的时候，公司还不能确定它的极限，所以，处于上升期的技术拥有最大的极限。公司应该努力获取潜力最大的技术，因为当消费者可以得到更高性能的产品时，他们就总是想要得到相对好的。

早期，通过公司联盟、专利技术和公司内部研发，可以同时利用几种可行技术，而这可能是公司成功的最佳途径。达特茅斯公司的詹姆斯·布赖恩·奎因进行了一个耗时两年半的创新研究，他得出结论，说："很多最好的概念和结论都来自计划，而这些计划部分地被组织隐藏或'私自卖掉'了。大多数成功的经理都承认，在早期的调查中存在很大的混乱，并且有重复的现象。到了后期，虽然成本会更高，但更应该坚持正规规划和控制。"奎因是正确的。同时他指出了另一个要点，那就是在选择哪种技术，以便把S曲线向上推的这个问题上，我们实际上需要的是非正规的非完全理性的决定。"选择终止哪项计划是最难做的决定，需要必要的魄力。同时，这也是大规模创新管理的艺术。成功的管理者一而再再而三地说：'任何一个人，如果认为这个决定是可以测量的，那他不是骗子就是傻子——太多的事情是不可知的、变化的——最终必须依靠直觉，也就是经过经验调整的一种复杂的感觉——它是对人、承诺和概率的判断——你不能过于刻板地使用里程碑概念。'"[①]

专利是获取或保护一项技术的传统方法。不幸的是，很多公司在规避专利限制的过程中破产了。在很多情况下，只有作为可交易的资产，专利才变得重要。它们是参加这场赌博的赌注。如果你像贝尔实验、IBM、杜邦公司或者惠普公司那样，拥有很多专利，就可以像交换棒球卡一样交换专利，直到得到你想要的专利集合。虽然说有专利总比没有强，但专利本身很少强大到足以阻止技术断层发生的地步。

如果防守者能预见长期的竞争演变模式，受这种预期的指引，它就有可能成为成功的防守者。它们猜测竞争的结局，带着这种感觉进入第一回合的战斗。这场竞争的成本会很低吗？竞争的目的是控制关键的分配渠道，还是关键的产品设计？为赢得首战胜利，就要对战

---

① 詹姆斯·布赖恩·奎因，《大规模创新：管理混乱》（*Large Scale Innovation: Managing Chaos*）今日塔克（*Tuck Today*），1985年7月，第2~7页。

略进行概念化，而这个观点就成为概念化的中心。在此基础上，它们知道怎样评价每一条消息。虽然它们身处战斗之中，却又同时高于战斗，立于战斗之上。

与一般人相比，成功的防守者尤其谨慎。它们知道最严峻的挑战可能不是来自相似的公司，而是来自预料之外的进攻者。而这些进攻者都拥有最新的技术，它们会从两方面对防守者造成威胁。一方面，防守者在现有资源投入条件下可以满足消费者的一些需求，但同样的投入，进攻者可以满足消费者更多的需求；另一方面，进攻者还可以为消费者提供一些防守者不能提供的产品，例如"低温盒"罐头、节省汽油的轮胎、普通纸复印机、"拍立得"成像技术、家庭银行、一次性尿布以及慢性稀释丸剂。所有这些产品都是市场上的新产品，以前并不存在，它们改变了竞争的基础。但是防守者根本无法事先对这些产品进行彻底的研究。它们唯一的防守手段就是保持警觉的头脑和快速的反应。

如果没有发现经济恶化的信号，或者确实一切都很好，那么公司该如何保持警觉的状态？我解决这个问题的方法就是，通过观察S曲线，设计一些预警指标和衡量公司技术健康度的指标。如果断层即将发生，可能说明现有技术已经接近极限，一些突然出现的竞争者开始尝试使用新技术。当然，这些竞争者不是常规竞争者，而是突然出现的应用新技术的公司。

这时防守公司需要全面彻底地考虑几个问题：

1. **高级管理人员是否越来越担心研发产出？** 高级管理人员可能有这样的感受，即业务上进展很顺利，但是实验室中科学家的产出却不像以前那样高了。很多公司并没有对此给予足够的重视。CEO没有足够的自信说："我感觉不太好，所以，我最好调查一下这件事情。"反而他会说："我感觉不太好，但是那些技术人员知道他们正在做什么。"高级管理人员为实验室中的事情而感到不安，可能是重要的早期预警信号。

2. **开发成本和开发延迟不是逐渐降低，而是逐渐增加。**当一项技术越来越接近S曲线的顶端，也就是越来越接近极限时，即使在产品和工艺性能上做出很小的改进，需要投入的资源都会大量增加。我知道现在没有资源评价体系考虑到这个问题。一般的假设是，开发下一代产品比开发上代产品的成本更低，因为我们已经沿着学习曲线进步了。但事实上，这个假设与现实情况不符。因为收益递减，所以成本越来越高。

3. **你们是不是正在进行更多的工艺研发和更少的产品研发？**这是一个自然的重点转移，同样是技术老化的信号，而且需要高级管理人员能意识到这个问题。其实你也没有太多办法阻止旧技术向新技术转变。

4. **你们的创造力是不是在降低？**创造力的衡量指标是申请的专利、开发的新产品、重要的工艺创新和新思想，这些指标是不是在下降？除了把基本的技术从一个S曲线的顶端转移到另一个S曲线的底端，你们还能做什么来提高这些指标？

5. **实验室中是不是存在不和谐和丧失信心的状况？**随着技术的老化，实验室中会出在大量的不和谐现象，或者至少能感觉到实验室中缺少激情。斯隆-凯特琳癌症研究所的总裁刘易斯·托马斯在他的著作《细胞生命的礼赞》（*Lives of a Cell*）中描述了这种现象。"……判断工作进展状况的一个好办法就是在走廊偷听。如果你听到'不可能'这个词是作为感叹词出现的，接下来又听到一阵笑声，就可以知道某人的研究计划进展得很好。"他是对的。对实验室进行1

小时的视察，观察研发生产力的状况，会比与实验室主任进行的任何讨论都能获得更多的信息。你可以感觉到那种气氛。

6. 市场分割是否成为影响销售额增加的关键因素？ 市场分割可以增加利润，所以，很多公司都把它视为一种常规战术并加以利用。但分割市场无法解决基本的技术健康度问题。如果市场分割成为影响销售额增加的关键因素，那就表明，作为竞争者，你已经无法继续通过技术上的改进获取全面的进步，同时表明一项技术已经达到S曲线的顶端，即技术已经达到极限。

7. 有些竞争者无法显著地影响市场，在这些竞争者之间，研发费用是否存在很大的差异？ 曾经有两个石油公司，它们成立以后，就开始寻找能够更有力地影响市场的方法。其中一个公司的总经理发现，为了获取技术或利润优势，另一家公司在汽油研发上的投资额是他们公司的几倍。他发现，在提纯技术上，两家公司在S曲线上处于相同的位置，所以，在技术上投资500万美元、5000万美元或5亿美元没有任何区别。如果技术达到了极限，那就是达到了极限。

8. 研发管理上是否出现频繁的改变，但这些改变却没有起到任何作用？ 是否频繁地雇用和解雇首席技术官？当CEO对科技开发失去耐心时就会出现这种情况，但他只是在不停地犯同一个错误而已。他每做一次改革，就把新雇来的首席技术官放在与其前任相同的环境中，并受着同样的限制。

9. 较小的竞争者是否抢占了行业领导者的利基市场份额？ 这是一个很可靠的信号，它表明可能有一种新技术已经发展起来了。记住，技术断层至少需要两条S曲线。规模较小的竞争者虽然只拥有有限的资源，但却可以超过规模很大的竞争对手，因为投入相同的资源，使用新技术的竞争者进步更大。德州仪器公司的规模很小，但它处在一条不同的S曲线上（集成电路），所以，可以与巨型的西屋电器公司进行较量，并击垮它。同样的事情也可能发生在制药行业中。20世纪80年代，在生物科技上的研发投资额，还不到公司总研发投资额的10%，但在这个行业中，一半以上的进步来自生物科技。更高的研发技术进步率通常都会取得成功。

10. **有些公司很弱小，但它们是不是利用冒险的方法取得了胜利，而所有其他公司都认为这种方法不会起作用？** 就像我们早期看到的那样，波音公司在早期的竞争中失败后，通过改变英国"慧星号"的设计方法，开启了商业喷气式飞机的新时代。较弱的竞争对手通常会选择冒险的方法，因为如果不冒险的话，除了关门倒闭，也没有太多其他事情可做了。

毫无疑问，公司之所以可以保持警觉，部分原因在于为发现断层而做出的巨大努力。但是比监督机制更重要的可能是这样一种信念，即相信技术断层存在，并且相信断层的出现。这代表了改变市场领导者的机会——作为防守者，即使已经准备好了最佳防御手段，也有必要转变成进攻者。成功地进行过技术转换的公司相信——不仅是相信，几乎作为一种信念——如果存在技术进步的空间，为了保持市场领导者的地位，唯一的办法就是不断地改变。

所有事情都需要变化。例如，宝洁公司坚持认为，每个员工都有一个目标集合，这个集合不仅包括他目前的目标，还包括他想在将来怎样改变。IBM的战略基础和文化基础就是"变化"，但没有公司能像IBM那样发现这么多问题。公司的整顿改组不是全部，而只是策略的一部分，但其核心仍然在于"变化"。摩托罗拉的总裁罗伯特·高尔文解释说："我的父亲说过，只要有目的地不断行动，最终总会有所作为。"

我与西海岸地区生物科技行业领头公司的主管人员讨论了一些有关技术断层的观点。我曾一度很期望进行这次讨论，因为大多数情况下，我都是与防守者进行交流，帮助他们从另一个角度看清自己的状况。而这次是与处于挑衅地位的进攻者进行讨论，终于可以利用这次机会检验一下自己的思想了。

正式讨论过后，一些人就去吃午饭了。我问总裁是否觉得这些思想适用于他们公司。"哦，是的。"他说，"那些问题恰恰是我们所面临的问题，你提出的那个躲避陷阱的建议对我们也非常有用。"

我对他的话感到疑惑，于是就问他："你说的问题指的是什么？在我看来，你们公司除了机遇以外，好像没有任何其他问题了。在其他人眼里，你才是他们的威胁。"

"哦，"他说，"很高兴听到你那样说，但是在我看来，我们才是防守者。在这个行业中，我们做出了第一个重大突破。哦，实际上不是第一个。在南部我们有一个竞争者，那个公司才是真正的市场开拓者。但是他们公司规模太大，发展速度太快。我们凭借迅速建立的知识基础击败了他们。在那种情况下，我们是进攻者。但是现在我们正处在他们以前所处的位置上。我们疯狂地努力工作，寻找保护自己技术的办法，以免因受到这个领域内其他新公司的攻击而受损。"

但他的公司确实是"新"公司，才成立了仅仅三年而已。然而进攻者已经开始表现出防守者才有的衰老和担心，害怕自己被某个更新的公司打败，因为这个新公司拥有比自己高的技术成本收益。

但这不正是如今的经营之道吗？事情和变化出现的速度越来越快。在生物科技行业，三年就是一个生存周期。我们刚知道今天的霸主是谁，它们就成为明天被遗忘的对象。这种情况在其他行业中也有发生。20世纪70年代后期，空中客车统治着天空。而后来，空中客车却要为生存而斗争。一夜之间，进攻者变成防守者，在这种情况下，如果它们想要继续存活下去，就必须学习一套全新的技术。它们必须相信并且能够识别出技术竞争的结构和模式。否则，小规模的竞争冲突就出现，它们在竞争中经受着胜利和失败的更替，而它们并没有变得更聪明。最重要的是，一定要学会同时身为进攻者和防守者。有些公司在竞争中取得一次又一次的胜利，而同时是进攻者和防守者，就是它们不断取得成功的黄金法则。

Phoenix: Leaders Who Stay Leaders

不死鸟：保持领先地位的领导者

—— // ∧ ＼＼ ——

公司像动物和植物一样，生命周期是单一的，这种思想支配着我们关于增长和衰退问题的思考。播种、开花、死亡。"曾经盛开的花永远地凋谢了。"但是对于一个可更新的社会系统，对它更适当的比喻应该是整个花园、一个生态平衡的养鱼池或其他生态系统。一些事物正在出现，其他一些事物正处于繁荣期，还有一些事物正在消失——但整个系统是有生命力的。

——约翰·W.加德纳（John W. Gardner），

《芷言集》（*Self-Renewal*），1981年

一个产业奇迹

在美国甚至全世界，可以顺利度过技术断层期的公司并不太多。如果你想列举出这些公司，你一定会想到如下这些公司：古尔德公司、宝洁公司、康宁公司、哈里斯公司、孟山都公司、IBM、美林集团和花旗银行。

古尔德公司1983年的年度报告宣称："在1984年，古尔德公司将进行公司历史上最重大的一次改组，逐渐从生产多种工业产品的公司，过渡到生产单一电子产品的公司。"确实，公司记录表明它完成了这个目标。1968年，比尔·伊尔维萨克接管古尔德公司，那时，它还是一个生产电池和发动机零部件的公司，年销售额1.24亿美元，利润420万美元。1984年，古尔德公司的销售额达到15亿美元（销售额的平均增长率是17%），利润达到8600万美元（利润平均增长率是21%）。价值线系统（Value Line）的投资咨询预测，1987—1989年，古尔德公司的销售额会达到30亿美元左右，利润大约是2.2亿美元。此外，古尔德公司不再继续生产电池和汽车零部件，而是向电子行业进军，生产诸如砷化镓芯片、电子医疗设备（例如侵入式血压测量系统）、32位的微处理器（与当时8位或16位的系统相比，32位的微处理器可以使计算机的运行速度加快）和成像及制图软件——这种软件是自动化设计和工厂自动化的关键。毫无疑问，如果古尔德公司当时继续生产电池和发动机零部件，它的发展状况肯定要比现在差得多。

事实上，自从比尔·伊尔维萨克接管后，古尔德公司经历了两次转变。第一次转变发生在伊尔维萨克刚接管公司的时候。克莱维特（Clevit）是一个生产锗半导体的公司，同时还生产电池和其他工业产品。古尔德公司的第一次转变就发生在收购克莱维特公司的时候。为了收购这家小公司，伊尔维萨克提出的收购价格是这家公司利润的20倍，结果是克莱维特公司确实让伊尔维萨克迈进了电子行业的门槛，而电子行业正是它想发展的业务。亿泰帝国公司（ITE Imperial Corporation）是一个生产断路器和其他配电产品的公司，1977年，古尔德公司以5.03亿美元的价格收购了它。电子产品使古尔德公司电池生产线的能力得到增强，第一个"新古尔德公司"初现雏形。但接下来，亿泰公司的发展偏离了预期的轨道。一方面石油价格上涨；另一方面，公共事业是ITE最主要的销售对象，但政府却削减了购买量。边际收益和利润开始下滑。1978年公司利润是1.01亿美元，到1980年时，利润降到7300万美元。企业领导人努力控制公司，但没起什么作用。最后，包括总裁在内的管理人员都离开了公司。

就在这个时候，比尔·伊尔维萨克努力实现公司的第二次转变。就像英国日报《今日管理》（*Management Today*）所报道的："翌年（1981年），比尔·伊尔维萨克做了一件奇怪的、不寻常的事情。他把整个公司拆散了。"可能在英国人看来，这种做法很奇怪，但在美国的投资集团看来，这一点都不奇怪，相反，他们认为这种行为"就是一个非常好的计划。能够最先观察到公司变革的需要，这是很有远见的。拥有改组公司的勇气是非常了不起的。华尔街认为，完成公司的重组计划是一个很重要的过程。"

伊尔维萨克确实很有胆量。古尔德公司以3.75亿美元的价格出售了价值4.58亿美元的产业集团（防守产品），同时出售了销售额达到1.02亿美元的其他子公司。销售额从1980年的22亿美元降到1983年的16亿美元，但利润基本保持平稳。变化的地方在于，之后，古尔德公司掌握了现金，负债与资本比率从1979年的41%降到1983年的26%。

古尔德公司收购了一批公司：系统工程实验室——主要生产超级小型计算机，美国微系统公司——主要生产一系列特定用途的集成电路，DeAnza Systems——主要生产计算机高清晰图像处理系统和显示系统，SRL Medical——主要生产计算机心脏诊断系统，Compion——主要设计与美国电报电话公司的高性能UNIX操作系统一起使用的软件，Dexcil——主要生产镓化砷场效应晶体管。通过收购，古尔德公司在这个快速进步的行业中稳固了自己的地位（它还试图争取收购美国莫斯特卡公司、仙童相机与仪器公司，但在收购过程中败给了美国联合技术公司的哈里·格雷和施伦伯格）。①就在古尔德放弃了一些很老化的防守产品（例如高压开关设备）后，公司发展遇到了困难。

很显然，股票市场并不认为伊尔维萨克所做的一切是一个"重大的计划"。股票价格没有什么变化，基本上保持在30美元/股左右。但是到1984年末，美国《华尔街日报》报道说："这个战略肯定在起作用，因为很多分析师都认为古尔德公司的股票价格会涨。"②价值线预期，1987—1989年间，古尔德公司的股票价格会涨到70~100美

---

① 后来看来，当初那两项收购失败反而是幸运的事。

② 约翰·伯西（John Bussey），《华尔街日报》，1984年10月3日，第1版。

元。确实，美国汽车公司的前董事长罗伊·蔡平说，古尔德公司的转变"几乎可以说是一个小型产业奇迹"。改变自己是有可能的，但要达到这个目标，仅仅靠收购和出售公司还是不够的。

攻击自己

维斯里·汤普森在比特里斯公司（Beatrice）工作。1985年3月1日，在上任14个月后，他就辞职了。就像《华尔街日报》所报道的那样："汤普森先生的辞职，很明显地说明纯果乐品牌饮料存在严重的问题。随着宝洁公司的柑橘山品牌进入市场，以及可口可乐公司在美汁源品牌上不断增加营销力度，橙汁市场中的竞争越来越激烈了。这个行业已经发展成熟了，一方面营销成本很高，另一方面产品价格不断下降。在过去的6个月中，比特里斯公司认为纯果乐是公司利润下滑的一个主要原因。但比特里斯公司的董事长詹姆斯·L. 杜特再三强调，比特里斯公司会支持纯果乐，即使公司在短期内可能会遭受损失，也不会放弃争夺市场份额。然而，在过去5个月的竞争中，纯果乐输给了柑橘山（宝洁公司的产品）和美汁源（可乐公司的产品）。"[1]

1982年，本·希尔·格里芬成为宝洁公司的管理者。实际上，宝洁公司是靠他打开了柑橘山橘汁市场。这是宝洁公司如何展开攻击的另一个例子。其实在此之前，宝洁公司就已经进入饮料行业，经营咖啡和软饮料产品。多年之后，宝洁公司才进军果汁饮料市场。据报道

---

[1] 莫里斯·B，《比特里斯公司宣布两个子公司的总裁辞职》（*Beatrice Co. Says Presidents of Two Units*），《华尔街日报》，1985年3月1日。

说，最初的柑橘山饮料与美汁源品牌和纯果乐品牌的橘汁味道没有太大的差别。但据《商业周刊》推测："推出一个传统的'我也一样'的品牌，可能是宝洁公司使用的一个手段，用此引出竞争对手和他们的竞争，消耗对手的资金。然后在接下来的一年，增强柑橘山的竞争力，继续与对手进行竞争。"[1]宝洁公司有一个口味更好的饮料专利，就是优质柑橘山饮料，并且宝洁公司已经在市场上推广了那种产品。这里要说明的是，虽然一些大公司生产传统的低技术产品，但同样可以攻击其他公司。

宝洁公司进入造纸行业就是这方面早期的一个例子。20世纪50年代，宝洁公司看到用纸代替纤维织物的巨大市场潜力，于是发现了生产纸制品的商机。更重要的是，当时市场上已有的产品质量不一，各生产厂商的竞争意识也很弱。宝洁公司就开始加强在木材、棉浆粕和纸方面的专业队伍，开发出一种全新的造纸工艺。也就是在这个过程中，宝洁公司逐渐形成生产纸尿裤的想法。

宝洁公司认为，他们需要通过某些人加强自己在造纸方面的专业知识。而他们需要的这些人，应该了解消费者组织、市场和竞争情况，并且拥有生产纸制品的设备。所以在1957年，宝洁公司收购了查明造纸公司。

宝洁公司开始着手把查明造纸公司的员工整合到自己公司内部，但这个过程比较慢。它又购买了一片林地，组建一支新的销售队伍，并且重新选择了一家广告公司。

做了这么多努力，他们仍然觉得准备工作做得不够充分，于是接着又开发出帮宝适牌纸尿裤生产工艺。这种生产工艺就是开发一种新

---

[1] "宝洁公司进入桔汁市场，反响巨大"，《商业周刊》，1984年10月31日。

型干燥剂，以提高尿布的柔软度和吸水性。1967年，宝洁公司准备充分以后，推出查明纸张、白云牌卫生纸和帕夫斯纸巾，并对帮宝适的市场反应进行了测试。1970年宝洁公司推出帮宝适牌纸尿裤，其他两种产品在此之前就已经推向市场了。现在，在一次性纸尿裤市场上，宝洁公司大概占有60%的市场份额，销售额达数十亿美元。个人护理是宝洁公司新成立的一个部门，它的销售额从1970年的6.25亿美元增长到1984年的48亿美元，年均增长率是16%。1983年，个人护理部门的销售额占宝洁公司总销售额的38%，占其税前利润的44%。这是一个很好的例子，它展示了大公司如何通过进攻赚取巨额利润。

宝洁不止一次使用进攻和引起市场混乱的战略。同样，宝洁很早就形成了同时进攻和防守的观念，例如攻击自己的产品。这种思想可以追溯到20世纪30年代，那时，有一个叫尼尔·麦克尔罗伊的年轻人，他注定成为宝洁公司的总裁。麦克尔罗伊就是公认的"品牌管理"思想的创始人。宝洁公司的档案管理员奥斯卡·斯盖尔讲述了一个故事：

宝洁公司推出卡玫尔香皂（Camay），并因此而使麦克尔罗伊提出的品牌管理方案可以应用到实际中。因为卡玫尔的市场表现让公司很失望，它从进入市场开始就没有对宝洁象牙香皂（Ivory）形成大的威胁。为什么？公司主管人员认为，因为他们"给予象牙香皂过多的关注"。当时两个品牌的广告由同一家公司代理，在他们那里偏向于关注象牙香皂，由此阻碍了象牙香皂的发展。有可能广告公司在做卡玫尔香皂的广告时，过多地考虑了卡玫尔可能对象牙香皂产生的影响，进而削弱了卡玫尔的广告效力。所以实际上，卡玫尔根本无法与象牙香皂进行自由竞争。在很明显的利益冲突中，卡玫尔成了牺牲品。

"……宝洁公司为卡玫尔重新选择了一家广告公司，纽约的派得勒瑞恩广告公司，以保证不会再有竞争上的限制。从此以后，卡玫尔和象牙香皂必须为市场份额而斗争。卡玫尔可以无所顾忌地针对象牙香皂做广告，就像针对其他公司的力士（Lux）、高露洁—棕榄（Palmolive）和克什米尔·布凯（Cashmere Bouquet）一样。"《时代》杂志称这种思想为"毫无拘束、品牌自由的国度"。

一个抵毁者说，这就像在家庭内部搞内战一样。斯盖尔写道："麦克尔罗伊回应说，如果像高露洁棕榄公司、利华兄弟公司和其他公司的竞争品牌都无法打败宝洁公司的产品，公司内部的竞争又有什么好害怕的？……这些相互竞争的品牌会像赛跑中的兄弟一样，而不是像敌人。他认为，公司内部的竞争会发挥品牌经理的每一份才能以他们所掌握的每一种工具。"

"《时代》杂志总结说：'最终麦克尔罗伊证实了自己的观点。他使他的前辈们相信，为了使宝洁公司的状况不至太差，并保持快速的增长，就需要自己与自己竞争。'这是美国产业中的一个新理念。之前，从来没有任何一家美国公司鼓励公司内部品牌之间进行竞争。"①

基本上来说，宝洁公司的策略包括三部分：

1. 通过侵略性的销售，加上成本控制，对企业进行强有力的保护。

2. 如果现有业务可能受到威胁，就在这个业务所在的行业中选

---

① 奥斯卡·斯盖尔（Oscar Schigall），《关注未来》（*Eyeson Tomorrow*），芝加哥：美国双日/福格森出版公司，1981年，第160~164页。

择一些小公司进行投资。密切关注这些公司的结构。选择最成功的一些公司。

3．通过品牌管理系统，在专业市场和技术资源上寻找进攻战略。把小公司的成功方法，应用到更大的子公司中。

宝洁公司具有同时作为进攻者和防守者的能力，并凭借这种能力在过去的时间里取得了意想不到的成功。

合资公司

可能大多数人都觉得康宁玻璃公司并不是一个不断发展壮大的公司。但是事实上，自1851年成立以来，它却一直在发展壮大。20世纪80年代，它的业务主要在陶瓷制造、健康科学和无线电通信方面，公司价值达到15亿美元。另外，它还拥有数量不小的一批分公司，都是像道康宁公司、欧文斯科宁玻璃纤维公司这种类型的公司，这些分公司的销售额有30亿美元左右，它们分配的股息是康宁玻璃公司的另一项收入。

康宁玻璃公司创始人的后裔杰米·霍顿在20世纪80年代被任命为公司的总裁，他回忆了公司历史上的几次重大变革。开始的时候，康宁公司生产一些有特殊用途的玻璃——餐具玻璃、装饰玻璃、药品包装玻璃和铁路提灯玻璃。后来，到了1879年，康宁公司与通用电气公司的创始人托马斯·爱迪生进行合作，开发出白炽灯泡。据说爱迪生选择康宁公司，是看中了它在研究方面的声誉。截止到1900年，康宁公司通过生产特殊玻璃，基本上成为一个照明设备生产公司。

1908年，康宁公司组建了一个研究实验室。在美国工业中，这个实验室是为进行基础研究而组建的最早的实验室之一。[1]经过长期的试验之后，这个实验室开发出派莱克丝玻璃（Pyrex），康宁公司因此迅速转型为普通消费玻璃生产商。

除了派莱克丝玻璃，这个实验室还有其他的重大成果。例如康宁公司最重要的创新之一就是带式玻璃成形机。在这个机器上有一个不断转动的带子，加热过的玻璃穿过这个带子垂下来，这时，压缩空气从下面鼓吹热玻璃，使之形成灯泡状。现在，一个带式玻璃成形机每分钟可以生产2000个灯泡，降低了电灯成本，使所有人都有机会使用电灯照明。

康宁公司通过合资及收购的方式，进一步影响公司的生产技术，保持进步的速度。例如，"垂直引上生产工艺"是这个实验室的另一项成果，它的生产方式是从热玻璃缸中向上拉出玻璃柱。有了这种生产工艺，就可以大量生产不同直径的玻璃管——有的玻璃管的直径像温度计那样细。利用这项科技，康宁公司就有能力"吐出玻璃丝"，也就是以纤维的形式生产玻璃。如今，这项工艺的最终产品——纤维玻璃——在建筑业中具有广泛的用途。1935年，康宁生产出第一批商业产品；接下来，在1938年，康宁与欧文斯-伊利诺伊合资组建了欧文斯科宁玻璃纤维公司。

1930年，康宁公司为选择原材料对石英玻璃和塑料进行实验。1936年得出结论，他们认为石英玻璃具有各种工业和医疗上的用途，例如作为乳房植入体的原材料。美国陶氏化学公司具有生产和销售这

---

[1] J. R. 霍顿，《科技在公司重组中的作用》（*The Role of Technolog in Restructuringa Company*），《研究管理》（*Research Management*），1983年11月12日。

种产品的基础，所以，道康宁公司就成立了。

康宁公司在为美国国防部生产战争用的雷达灯泡时，提高了公司的灯泡成形技术。在此基础上，他们发明了离心熔铸法，并由此为全世界带来了电视显像管。凭借这项技术，康宁公司进入电子产业。为了在这个行业中取得更大的进步，它又与美国西格尼蒂克公司合作。但是事实证明，对康宁公司来说，电子元件业务实在太大了，所以，在20世纪70年代末，它把西格尼蒂克公司卖给了飞利浦北美公司。

然而，康宁公司在电子行业中生存了下来，并找到了适合自己的位置，那就是生产用作电容和电阻器原材料的陶瓷。凭借以上这些，加上生产光导材料的优势，康宁公司在无线电通信行业也占有一席之地。实际上，康宁公司最早开始进行光导研究，但贝尔实验室的重要技术知识才是改进光导技术的真正力量。

在医疗器械行业，康宁公司做了同样的事情。它以多孔玻璃的创新为基础，生产多孔陶瓷基板酶，并由此进入生物科技、医疗设备、医疗诊断和医疗服务行业。同时，他们与生物技术的领头公司——基因技术公司——达成联盟，并收购了吉尔福德实验室（Gilford Laboratories）、临床实验室（Met Path）和堪萨斯生物制剂公司（Kansas City Biological）。

当然了，虽然康宁公司很成功，但还不能算是完美。例如，它没能抓住巨大的塑料透镜市场，仍然只是一个眼镜玻璃生产商。

康宁公司有这么多次成功的转型，而所有这些转型成功的基础，都是在很好地管理防卫业务的同时尽早发起进攻。这些转型的净收益就是公司的稳步增长。而所有这一切成功，都来源于康宁公司的旧业务——传统的玻璃生产。

不断转型

　　哈里斯公司是一个价值20亿美元的电子通信公司，位于佛罗里达州的墨尔本市。在它的大部分业务上，它都是市场和技术的领先者。但事情并不是一直都是如此。在1967年的时候，哈里斯还是哈里斯印刷机公司（Harris Intertype），虽然它确实拥有一个很小的分公司，生产电台和电视台发射器，但事实上，它是一个机械印刷机生产商，厂址在克利夫兰。哈里斯经历了一次成功的转型。1980年，《福布斯》称哈里斯的那次转型是"卓越的蜕变"。

　　　　1967年，哈里斯公司还是其前身——哈里斯印刷机公司（Harris Intertype），位于克利夫兰市。也正是在那时，它的发展遇到困难。时年64岁的公司总裁乔治·戴维利用不足1000万美元的资金，创建了营业额达1.95亿美元的哈里斯公司。放眼未来，戴维准确地观察到文字与口语在电子行业中的结合，他意识到，必须为将来的机械打印机准备电子专业知识。

　　　　戴维与他的继承人理查德·B. 塔利斯总裁耗资5600万美元收购了位于佛罗里达州的Radiation公司，这个公司的技术发展空间很大，市场防守能力也很强。[①]

　　乔治·戴维具有独特的眼光，但为此付出的成本很高。戴维收购

---

① 佛拉哈迪·R. J，《哈里斯公司的卓越蜕变》（*Harris Corp's Remarkable Metamorphosis*），《福布斯》，1980年5月26日，第45页。

Radiation公司的价格高于其市场价值，因此，单从财务上看，这次收购得不偿失。另外，连续引进新产品影响了公司的利润，1968—1975年，哈里斯公司的利润基本没变，没有怎么增长。

随后形势发生了骤变。公司销售额从1975年的4.79亿美元激增到1981年的15.5亿美元（增长率是22%）；同一时期内，利润从90万美元增长到9180万美元。即使1975年的利润很低，但这仍然是一个惊人的数字。

在美国的公司中，哈里斯最先使用新电子技术，并把它应用在全国的报纸印刷厂中，企图用视频终端设备代替打字机。另外，哈里斯公司还改进了有线传真的传输技术。概括地说，它用新技术攻击了原来的核心技术。

但是他们并没有忽视印刷技术。据报道，在1980年，哈里斯的卷筒纸胶印机代替了旧式的字母打印机，其订单从25万美元增长到500万美元，但哈里斯公司在履行这些订单合同的过程中遇到了困难。

随着公司不断发展壮大，它又利用防守系统的经验，巩固了在通信行业中的地位。法里南公司（Farinon）原来是一个生产高科技电话设备的公司，1980年，哈里斯与该公司合并。于是，哈里斯提高了生产电子元件的能力。1980年，哈里斯公司的集成电路销售额在美国名列第十。当时哈里斯宣称，它的利润率仅次于英特尔，但领先于德州仪器、仙童和摩托罗拉。哈里斯公司对外宣称，自1962年进入电子行业以来，只有一年亏损。

所有迹象都表明，哈里斯公司正处于第二次转型的起始阶段。在办公产品领域中，当IBM、施乐和王安电脑公司正打得不亦乐乎的时候，哈里斯公司已经稳固了自己在这个行业中的地位。由于软件问题，哈里斯公司在研制开发第一套系统时被迫延迟推向市场，所以，这一次转型的开端仍然是坎坷曲折的。到它最终进入市场时，它的产品已经不具有明显的优势了。为了巩固市场地位，哈里斯从股票市场上以2.8亿美元的价格收购了拉尼尔公司（Lanier）。拉尼尔公司曾经在文字处理系统的销售榜上排名第一。印刷业务是哈里斯的防守产品，为了购买拉尼尔公司，它卖掉了这个生产线，出售价格是2.3亿美元，而且是现金付款。这种行为又一次对公司业绩和股票价格造成损害。然而，"价值线"对此持乐观态度，它预测在1987到1989年间，哈里斯公司的销售额会增长到30亿美元以上，利润会增长到1.9亿美元。如果哈里斯公司能实现这个目标，它将是另一个成功地使用同时进攻和防守这种战略的公司。

事后诸葛亮

要穿越技术断层，必须采取相应的行动，但这些行动常常会招来批评。有时候这些批评也是对的，因为公司采取的行动通常值得怀疑并且风险很高。不管用哪种财务标准来衡量，古尔德公司在收购克莱维特公司、科学工程实验室、美国圣荷西迪安那大学、美国微系统公司和Compion时，支付的收购价格都太高。有商业评论说，哈里斯在收购Radiation和拉尼尔公司时，支付的收购价格过高，而且也不应该卖掉它的印刷业务。就像《商业周刊》所评论的那样："哈里斯公司认为，它的印刷企业是世界上最大的出版设备生产商，博伊德卖掉了它，无异于自杀。在1982年6月30日结束的财政年度中，该项收入占公司全部收入的四分之一。更重要的是，这个部门夸口说，它的利润率比哈里斯大部分高科技企业都高。"[①]

宝洁公司引入产品经理制时，也受到强烈的指责。斯盖尔写道：

所有人都愿意接受这项方案吗？一个前任高级职员说："不是的。总是有人抗拒变革，甚至憎恨它，尤其是那些在熟悉的旧制度下工作了多年的老员工。"他们中的一些人认为公司会因内部混乱而遭受损失。另一些人感觉到他们会因此而丧失晋升的机会，因为传统的晋升途径会被新制度所取代。不，不存在你所说的"全民幸福"。但是时间会证明，这些怀疑者和持不同意见的人错了，因为宝洁公司的重组为它带来了前所未有的力量。

穿越断层并不是件愉快的事，也不是所有的行动都会成功。古尔德公司转型时期，很多员工士气低落，甚至很多优秀人才离开了公司。有评论说，比尔·伊尔维萨克在触发器业务上的变革太快，以致无法取得收益。他们断言，是他的急躁引起股票价格多年内驻步不前。从财务上看，哈里斯在报纸印刷厂视频终端的业务转型上失败了。然而实际上，是有一个更早的进攻者，即计算机视觉公司，哈里斯公司是因为受到它的攻击而被迫进行业务转型的。宝洁公司也并不是一帆风顺，它也有失败的时候，就像Rely牌月经棉条导致中毒性休克事件。可能很多人会说，康宁实在不能算是一个很成功的公司；确实，它在电子产业中也犯过错误。然而，尽管有这些人为问题和实际操作中的错误，但因为这些公司做出了穿过断层的努力，与试图避免

---

①《未来办公产品上，哈里斯正在赌博》（*Harris Is Raising Its Beton the Office of the Future*）《商业周刊》，1983年7月18日，第34页。

穿越断层的公司相比，它们已经做得很好了。

　　不管是古尔德公司、宝洁公司、康宁玻璃公司，还是哈里斯公司，它们都不是一直成功，而且毫无疑问，它们中的任何一个，将来都有可能失败。但是公司的目标并不是在技术和业务上持续成功。这更像现实生活中的棒球游戏。有多少棒球手能一直保持前十名的成绩？从1950年到1958年，斯坦·穆西尔的排名一直保持在前十名；1960年到1969年间，这个纪录转由罗伯托·克莱门特所保持。像威利·梅斯、皮特·罗斯和卡尔·雅泽姆斯基这些伟大的击球手，一般都是先有一两年的好成绩，随后一两年内成绩较差，然后再有一两年的好成绩。成功是间断式的，而不是连续性的。不管是棒球击球手，还是公司，要想在行业中保持领先地位，都需要付出巨大的努力，并拥有技术和运气。对大多数公司来说，这是一个遥不可及的目标。20世纪80年代，宝洁公司和哈里斯公司进入发展的低谷期，但人们已经预期到会出现这种情况。关键是它们有韧性。它们不像年老的棒球手，已经没有领先的可能性了，它们仍然还是行业内的领袖，因为这些公司可以重新成功，并进行自我更新。

10

第 十 章

Leading Metamorphosis

重 大 转 型

——— // ∧ \\ ———

　　人们应该正确地认识和理解创新——一种纷乱的、有点随机性的交互学习过程，它把世界范围内知识网络与消费者需求的不可预测性联系起来。

——詹姆斯·布赖恩·奎因（James Brian Quinn），1985年

CEO的新角色

所有人都会给CEO提建议，告诉他们必须关注公司的每一项功能——业务、法律、策划、营销、分配和财务。但是，如果技术成为公司持续成功的关键，那么CEO更应该参与技术活动，而不是其他。CEO只能扮演一种角色，要么是公司战略的策划者，要么是公司发展蓝图的设计师。就像我们在生物科技的案例中看到的那样，战略和技术之间的相互影响很严重。CEO必须理解这点，然后选择公司的技术路线。那就意味着CEO要在资金到位或地位巩固之前就积极参与到技术活动中。

CEO还必须做其他一些事情。因为在接下来的10~20年中，技术断层将一直存在。反击也不是10年或20年才出现一次，而是连续不断地出现。管理技术断层的能力对企业生存起着决定性的作用。为了应对这个挑战，必须创造一些管理技术断层的方法和文化，而CEO需要密切地参与这个开发过程。

但这并不意味着CEO应该是一个科学家，并且已经掌握了即将出现的新技术。他也不必是首席工程师，如果公司有多个部门和生产线的话，CEO也不可能是首席工程师。[①]很多企业家引领着技术的进步。他们其中一些是科学家：通用电气公司的爱迪生、柯达公司的伊特斯曼、施乐公司的威尔逊以及宝丽来公司的兰德。另一些则不是科学家：IBM的老汤姆·沃森、哈里斯公司的乔治·戴维和古尔德公司的比尔·伊尔维萨克。这些CEO都不具备技术背景，但却做出了正确的技术发展决策，领导公司进入新的发展领域。

有一些大公司拥有几百种可选技术。在那样的公司里，如果能有一个CEO，可以理解科学开发的过程——就像我描述的技术进步率和产出率原则，那么公司将具有很大的优势。那可能意味着我们会看到更多具有科学背景的经理升为公司的最高领导者。花旗银行的约翰·里德就是一个例子。罗伊·瓦格洛斯是一个内科医生、生物化学家，1985年，在他55岁的时候，美国最大的制药公司默克公司任命他为公司的最高领导。《商业周刊》报道说："十年前，瓦格洛斯离开学术界，接受默克公司的聘请管理研究实验室。如今，他把公司置于一个大胆而危险的境地中：不去试验治疗特定病症的化学药品，而是展开学习，了解疾病起作用的原理。作为CEO，他必须确定自己采取的长期战略能生产出畅销的药品。"[②]瓦格洛斯的同事说，有一个科学家出身的CEO是一个优势，因为他了解科学研究的规律。

麦肯锡公司曾做过一个调查，研究CEO背景和公司业绩之间的

---

① 这是一个讨论话题，探讨在不同的公司中，CEO在技术中扮演的角色，参见莫德斯托·A. 麦迪奎（Modesto A. Maidique），《企业家、胜出者和科技创新》（*Entrepreneurs, Champions, and Technological Innovation*），《斯隆管理评论》（*Sloan Management Review*），1980年冬第2期第21卷，第59页。

② 《研究专家从实验室中加快进步的步伐》（*A Research Whiz Steps Up from the Lab*），《商业周刊》，1985年6月24日，第87~88页。

关系。结果表明，由技术人员或销售人员领导的公司，与由财务人员领导的公司相比，业绩要好得多。这里又有一些好消息。管理实践咨询助手20世纪80年代调查了新一代CEO的背景。在1978年，大约有1/4的CEO出身于技术和销售部门；截止到1982年，这个比例大约是50%。可能我们正朝着正确的方向发展。所以，更多的公司董事会应该考虑任命技术出身的主管为公司的最高管理人员。

文化和理解力

即使CEO不需要了解所有最新的相关技术，但市场竞争通常需要CEO了解什么是隐藏的技术细节——锗和硅的差别、萘和邻二甲苯在分子结构上的差别以及复合糖和单糖在成分上的差别。这些细节确定了可选的管理方案集合。能否理解这些细节和蕴含于其中的竞争含义，取决于公司内部的氛围和员工的期望值。公开挑战传统技术会促进还是阻碍公司的发展？找到替代方法了吗？是否已经充分了解了消费者的需求？如果公司没有营造出应对结构性挑战的合适的环境，就几乎没有可能开发出新技术，更不要说提高管理技术和技术断层的能力了。

首席技术官的任务，就是把CEO的思想和决策转化为研发计划。因此，他与CEO的关系很重要。不幸的是，他们之间的联系通常都很弱。世界大型企业联合会（The Conference Board）选择全美国最大的400家公司，调查这些公司的CEO，让他们说出他们最信赖的顾问。CEO首先提到的是他们自己——一个很好的迹象。接下来的排列顺序是高级会计师、总运营师，然后是营销部门、人力资源部门、公司咨询人员、策划人员、产品生产部门和公司普通员工，最后才是研发人员。在受访的CEO中，只有五分之一的人认为研发部门的主管是高级管理人员。

大前研一说，在日本，80%的CEO会认为首席技术官是最重要的顾问。如果是这样，首席技术官在顾问排名中就是第3名，而不是第11名。如果事实确实如此，美国的公司就存在一个很大的问题。首席技术官最清楚公司的技术，而CEO控制着公司的资本配置和人力配置，如果这两个人之间的联系不紧密的话，我们怎样在充满技术竞争的商场中生存呢？

这是谁的错误？部分是CEO的错误，但是我认为在很多情况下，美国的研发经理都不够活跃，所以无法与CEO进行交流，也不能理解CEO所关注的事情。一般说来，最优秀的研发经理都具有直接的生产经验。事实也确实如此，最优秀的研发经理都具备做CEO的素质。康宁公司的汤姆·麦卡沃伊一直是公司的总裁，直到他自愿退居二线，做了副总裁和技术部门的负责人。百事可乐公司的贝纳特·努斯鲍姆或者是美国联合碳化物公司（Union Carbide）的莱恩·贝克，他们都具有升职的资格。

人们经常辩论说，首席技术官必须是实验室中最杰出的技术专家，否则，科研人员和工程师就会对他不够尊重。我的观点却与此相反。首席技术官不一定非得是最优秀的技术人员。事实上，很多首席技术官都很优秀，但他们并不是最杰出的技术专家。他没有必要一定是最富创造力的科学家，或是最有创新力的工程师。但是他必须有能力把CEO的想法转化成科学研究的内容。他可以通过如下手段达到这个目标：研究可行的替代方法并找到它的极限，估计每种替代方法的成本和收益，并且评估每种替代方法会为可持续的竞争优势提供怎

发展和衰落、企业家的成功和失败。巴勒斯推动美国现金出纳机公司发展电子出纳机业务，并不仅仅是一个开发高级产品的案例。它是一个关于商业野心的故事，关于公司屈从于强大法律的故事，但那种法律不是一般的法律，而是像支配着希腊戏剧的法律一样强大。数以千计的人失去工作，工厂被拆除，存货被销毁，几乎整个管理团队都被解雇了，而且这一切发生的速度比任何人想象的都要快。但是在将来，这种事情还有可能会出现，并且会出现得更多。

与其他人相比，我们对目前的市场战有不同的看法。例如，大多数企业的市场观察员认为，大体上可以认为新上市的果汁软饮料是一种利基产品（Niche products），它对市场巨头可乐饮料造成了威胁。事实上他们错了。

最近，《纽约时报》上的一则百事可乐广告说："经过87年对峙，一家公司终于放松了。"但是，可口可乐公司改变了饮料配方，改变后的配方与百事可乐更相似。随后，各大报纸上出现了铺天盖地的评论。这两家公司对峙的时间已经超过了我的年龄，可口可乐公司的这次决定，不过是这场长期博弈中的又一步棋而已。经过了这么多年的竞争，这次决策使两种产品更相似。对任何一家公司来说，都不可能利用产品和工艺占据竞争优势了。

实际上，配方转换是由另一场市场战引起的，那场市场战让人想起了同样的事情。我们都记得熟悉的6.5盎司（175毫升）可口可乐包装瓶，百事可乐也用同样的包装瓶。我们还记得12盎司（350毫升）饮料是在何时进入市场的。这个进步——有些人认为这是一个进步——如此成功，以致接下来又出现16盎司的玻璃瓶，然后是26盎司、28盎司，最后是32盎司。从那时开始，竞争就变得不入流了。首先，一家公司开始使用48盎司的瓶子，另一家公司紧接着也使用同样的瓶子。然后两家公司都很快推出64盎司的包装瓶。这场令人激动的竞争到底会有怎样的结果？按照公制标准，他们又用2升的塑料瓶子（67.4盎司）代替64盎司的玻璃瓶子，接下来又换上3升的瓶子。

与这场包装大战同时进行的还有商标大战。可口可乐公司推出健怡可乐、不含咖啡因可乐和不含咖啡因健怡可乐，而百事可乐公司推出百事啤酒、百事轻怡和百事健怡。

所有这些行为，加速了可口可乐公司和百事可乐公司的混战。我们现在还能期待怎样的进步？带轮子的5升包装瓶吗？

实际上，一个进步——一个真正的进步——可能已经出现了。因为可乐战变得越来越边缘化，所以，百事可乐公司推出一种新的柠檬口味果汁——思莱斯软饮料（Slice）。很多观察者认为思莱斯是七喜汽水和雪碧的竞争对手，事实上也确实如此。但它的作用又不仅如此。它开启了百事可乐公司饮料技术的新时代。百事正在研究使用一种未开发的新技术，也就是大规模分布式碳酸饮料，以争取在软饮料市场中的竞争优势。这种新饮料不仅是与七喜和雪碧进行竞争，而是与整个可口可乐公司进行竞争。

你可能会说，果汁和饮料"技术"难道一点也没进步吗？百事可乐利用健康食品热潮的做法不是很简单吗？

我不这样认为。当然了，与20年或25年前相比，如今消费者的健康意识更强。但是这些变化与轮胎行业中的变化没什么不同，当时消费者认为斜纹轮胎汽车已经足够舒适了，但公司认为消费者想要更容易操作、使用期限更长的子午线轮胎。在这两个例子中，新技术为公司提供了利用这些变化的机会。

果汁生产需要技术，并且将来会需要更多技术。例如，果汁中含有糖分，如果想要生产无糖果汁饮料，就必须采取聪明的办法。果汁中必须含有多种成分，如果去除糖分，果汁的成分就不完全，也就不再是果汁。但是如果不剔除糖分，又不能称其为无糖果汁。百事可乐公司解决这个问题的方法是一个秘密——这不是以包装瓶和品牌为筹码的低级竞争，而是真正的技术优势。

接下来的问题就是果汁的保存。很多果汁在长期贮存后都会沉淀，百事要解决的问题就是，保证果汁在贮存几个月后仍然明亮清澈，不会像其他果汁那样沉淀。果汁比传统软饮料中的合成成分要贵得多，所以，保持果汁处理技术的低成本就很重要。关键问题又是与之密切相关的工艺问题。将来，迅速发展的基因技术可能会逐渐影响到这些成本。许多研究中心都在努力开发高果汁含量的大型水果。

思莱斯不是100%纯果汁饮料，而是一种混合产品——部分果汁、部分传统成分——但是对消费者而言，它是一个非常新的礼物。如今能得到的所有证据都表明，消费者喜欢这种产品。截至1986年的25年中，思莱斯曾经是饮料行业中最成功的一种非可乐产品。如果尼尔森是对的，并且思莱斯的市场份额保持不变，那么，它第一年的销售额可能会超过4亿美元。

思莱斯可能只是一个开端，随后会出现一系列经过改进的、更有营养的碳酸饮料。那就是我认为思莱斯是一个重要创新，而不仅仅是七喜复制品的原因。抛开S曲线和断层的思考模式，好像思莱斯只是对利基产品市场的又一次冲击。但是在S曲线和断层的思考模式下，我们惊奇地发现，思莱斯可能是一项强有力的新技术，它为百事可乐公司提供了一个在非可乐市场上竞争的重大优势，甚至在将来某天，它会成为百事在整个软饮料市场上的竞争优势。我们已经看到，纽特健康糖（NutraSweet）就是这样。自从入侵人造代糖市场开始，它就开始争夺自然糖生产商的消费者。

我们探究出的观点对于理解国际竞争也有帮助。在我看来，在转型以及同时进攻和防守方面，日本人比美国人做得好，同时，日本管理者也比美国管理者更好地展望未来。早先我们看到日本人是如何接受电子管制造方法，并较早转入晶体管和集成电路行业。他们是在几种力量和环境的驱使下这样做的，但美国并不具备这种力量和环境。

这些条件已经改变了，但在很多日本公司中，这种倡导积极变化的文化仍然存在。我有一个朋友，他是一个年轻的印度工程师，在日立的一个钢铁铸造厂工作。他告诉我说，在铸造厂旁边是一个先进的陶瓷材料加工制造厂，那个工厂已经存在有一段时间了。钢铁工人真的能学会经营陶瓷厂吗？日本人可能会给我们答案。

兄弟公司是一个日本缝纫机公司，据大前研一说，它已经成功转型了。

日本兄弟公司的主业务是缝纫机，他们进行了相应的研究，意识到现在越来越少有日本妇女自己缝衣服穿，他们都购买现成的服装。因此，兄弟公司利用精密机械和微电子技术，进入办公自动化行业。很快，它就成为世界上最大的电子打印机制造商之一。Recar公司是另一家缝纫机制造商，并且占有很大的市场份额，所以，它只围绕缝纫机做相关的市场计划。它集中力量完美自己的产品，不接受市场中发生的变化。缝纫机市场正在慢慢消失，所以最终，Recar公司就停产了。

兄弟公司的新打印机开辟了一个新市场。它把缝纫机的精确度引入到已存在的产品——打印机上，由此改变了世界对打印机的印象。

在另一个例子中，日本住友电气公司和日本古河电器工业株式公司在考察了各自的铜线业务之后，决定将一半业务转到光纤上。所以，虽然冶金和玻璃（光学纤维的原料）之间存在巨大的差异，但两个公司都开始经营光纤业务。

这些案例都是很重要的。它们让我意识到，日本人喜欢新技术，而大多数其他国家的人不喜欢。麦肯锡在阿姆斯特丹的总经理马克斯·戈尔登斯（Max Geldens）说：

害怕别人的机器会使自己失业，这种恐惧至少在700年前就有了。在1397年，科隆（Cologne）的行业协会成功地说服城镇政府，让政府下令禁止使用大头针生产机器，因为它会引起失业。在16世纪的英格兰，为了保护手工制造业，议会颁布了一项限制购买织布机的法律。同是在16世纪，安东尼·穆勒（Anthony Muller）发明了一种效率更高的编织器械，当地市长害怕这种机器会引起大规模的失业和动荡，于是很快把安东尼·穆勒处以死刑。1663年，伦敦工人摧毁了新型的机械锯木厂，因为他们认为那会威胁他们的生存。阿姆斯特丹的政府官员对行业协会的强烈要求做出回应，禁止建造塔磨坊，因为它会取代无效率的旧式磨坊，并且影响几百个接受政府大量补贴的磨坊主。塔磨坊被建在了另一个城市，但还是起作用了，无论如何，阿姆斯特丹的磨坊主被取代了。

1676年，荷兰禁止使用制带机，这种机器在英国也受到打击。1710年，英国诺丁汉的骚乱者砸碎了织袜机，并点燃了装满成品的仓库。约翰·凯伊（John Kay）是飞梭的发明人，狂怒的暴民因为他的发明而袭击他，随后又烧毁了他的房子。截至1811年，机器粉碎者已经组织成一个团体，自称为"卢德分子"（为了纪念内德·卢德。多年前，他被分配操作一台机器，但是他砸烂了那台机器，并因此而出名），并有组织地在全英格兰地区摧毁能节省劳动力的设备。[1]

如今，在欧洲其他国家中，情况有所改变吗？即使在美国，工会也几乎不接受自动化。但日本好像没有这些恐惧，或者至少他们很好地隐藏了这种恐惧。在1982年一篇题为《建立21世纪的产业结构》中，日本经济发展委员会说：

近年来，技术已经成为我们生活中一种越来越熟悉的要素。科学技术进步与自然、人类和社会是相协调的，并且它们会增加社会的活力和创造力。

如今，电子学的广泛应用，彻底地改变了产业结构和工作环境。幸运的是，伴随着电子学的发展，劳动力也发生了质的改变，迄今为止，日本已经很好地适应了这种变化。[2]

我们不太可能看到日本的"卢德分子"。

S曲线和它的背景动力学准确地指出很多美国公司都存在的一个问题，那就是大多数公司的基础研究做得不够。即使它们进行基础研究，对此的管理也很差。实际上，有些基础研究与公司利益息息相关，而所有美国公司在基础研究上的支出总和，可能不会超过2.5亿~3亿美元。而且这些资金中的大部分是由大约10家公司支出的，这些

---

[1] 马克思·戈尔登，《工业民主中的未来就业》（*Future Employment in Industralized Democracies*），麦肯锡公司，1984年，第11页。

[2] 《建立21世纪的产业结构》（*Building an Industrial Structure for the 21st Century*），东京：Keizar Doyaku出版社，1982年。

公司包括IBM、美国电报电话公司、通用汽车公司、福特汽车公司、通用电气公司、杜邦公司和孟山都公司。如果你与这些公司的CEO讨论的话，他们会很兴奋地告诉你，他们公司从这些支出中获得了什么。这是一个很好的问题，因为在很多情况下，这个问题都没有统一的答案。

但问题可能不在于科研人员。公司常常要求他们提供新产品或新商机，但是研究人员并不具备这种能力。为了开发新产品或新业务，要具备洞察市场和竞争的能力，需要理解收益方程的右半部分，然而研发人员无法完成这项任务。另外，关键在于他们通常都没有画出S曲线——确定现有技术的极限，并估计新技术的潜力。

在工程学方面，过多的科学进步太慢。也就是说，人们只有在无法方便地找到工程学结论时，才会把研究作为最后一个寻找答案的手段。市场需求似乎是造成这种现状的原因。例如，在新化学药品的开发过程中，经常会遇到强腐蚀性问题。这些问题太严重了，使新工厂无法进行生产。然而我们对腐蚀过程的了解仍然很少。根据过去的经验，我们对此能有一些理解，但这些经验性的观察资料只能起到有限的指导作用。为了厘清并解决这个问题，必须理解腐蚀过程的科学原理。然而即使理解了这一原理，也不一定能够解决问题。调查的结果可能会显示，就像人们期望的那样，我们一直做得很好——我们的防腐技术已经达到极限了。必须开发全新的防腐方法，也许可以考虑使用塑料。

在制药行业中，一直使用的传统方法就是对化合物进行经验上的甄别筛选。公司尝试几百种不同的化学化合物，直到有一种化合物起作用——其实就是分子轮盘，进行分子赌博。他们不知道为什么这种药物起作用，而只是知道它能起作用。直到20世纪80年代，我们才发现阿司匹林起作用的原因，从"发现"它到现在，已经有几十年了。靠经验方法制药，速度很慢，还需要运气，而且产出越来越低，而成本却越来越高。现在，研究人员正在努力了解人体的化学机能，尤其是寻找人体生产的药物，例如干扰素，并试图复制这些药物。

如今，飞机是根据速度和拉力之间的经验关系设计的。我们需要更多地了解飞机周围的气流和湍流。我们需要知道机翼的失效机制，知道怎样才能使聚合物更耐高温，以及能耐多高的温度。我们需要知道疾病机理的详细情况，以便设计与现有药物不同的新药，以更基础的方式进行治疗。我们需要知道非晶材料在电子方面的性能，以便确定能否用它做电子元件的廉价原料。我们需要知道。

那些最好的公司经过深思熟虑之后，开始关注从公司内部或外部获取基础科学知识的途径。它们有强大的企业研究团队，可以解决开发过程中遇到的难题。时间是一个因素，但时间总是有的，因为公司已经预期到问题和极限的存在。预算不具有压倒一切的重要性，因为与销售潜力和机会成本相比，预算根本不值一提。整个过程通常由一个资深科学家主持，公司员工信任他，而且他也能够与高级管理人员进行沟通，据我所知，为了保证研究的目的是公司的未来，是企业真正需要的战略而不是眼前的市场优势，这是唯一的途径。

像我们看到的那样，随着时间的流逝，长期最终迅速地变成短期。因此，理解S曲线可以帮助我们更好地预测哪家公司的股票会上涨。市场上有一本介绍如何选择高科技股票的书[①]，它给出了一些选

---

① A. 托尼和T. 蒂林，《高科技——如何从今天的新超级股票中找到获利》（*High Tech– How to Find and Profit From Today's New Super Stocks*），纽约：西蒙舒斯特出版公司，1984年。

择股票的建议，那就是要找出如下这些问题的答案：这个公司是做什么的？它的历史沿革怎样？消费者对该公司产品的需求程度如何？公司是否盈利？以及公司的管理人员是否固定并受到了适当的激励？

这些都是标准的好问题，但还不够好。在我看来，它们只能描绘出公司的静态状况，至于进攻与反击的市场竞争会有怎样的结果，这些问题无法给出任何答案。在公司技术状况开始恶化，但还没有在财务指标上反映出来之前，这本书会很容易建议公众购买这只股票。而投资者和分析师需要知道的是，公司是否会成为进攻者或成为防守者，或者更好，同时扮演两种角色。

最后说明一点，我发现S曲线和断层范式有积极的作用。它给我们提供了更多的可能性。它支持我们再学习的决心，把我们的公司变成更善于学习的组织；帮助我们找到并面对真正的问题；指导我们把精力用在正确的地方。如果人们能够知道现在的方法会在什么时候达到极限，那就还有时间，就可以从现在开始寻找替代方法。杰克·基尔比和罗伯特·诺伊斯能在大系统难题附近找到替代方法，戈弗雷·豪恩斯菲尔德先生能找到透过颅骨观察大脑的方法，乔·威尔逊和汤姆·沃森能找到取代碳纸和列表机的替代品，他们靠的都是这种方法。这些人，还有其他人都说，去了解你的极限，这样就可以绕过它们。找到极限附近的替代方法，不仅可以找到已知问题的答案，还会带来未预期到的难以想象的机会。

/ 致谢 /

本书的研究得益于多年来我在麦肯锡公司和我的客户及同事们富有建设性的合作。麦肯锡和美国、日本、欧洲很多大型的成功的企业合作。这些企业拥有经验丰富的管理者，这些人必须经常提出新的方法来解决新的问题，其中许多和技术相关。我有幸能够直接或者通过我的搭档们和这些问题打交道，并在此过程中检验书中的想法。如果没有他们对我和我的搭档们的信任和信心以及他们开拓创新的意愿，我们绝没有那样的机会。

我要特别感谢麦肯锡公司的一些人。首先也是最重要的感谢要献给我的指导者、老师和朋友——弗雷德·格鲁克（Fred Gluck）。弗雷德和我针对科技与战略问题一起工作超过二十载。他一直是我所认识的最富创造力和洞察力也是最严格的思想者。哪怕同样的问题出现了许多遍，他也总是用新的方法去应对，总是给人以灵感。我们一起共事如此之久，以至于我无法分清哪些是他的想法，哪些是我的。在很多方面，他都是本书的合著者。

麦肯锡的总裁罗恩·丹尼尔（Ron Daniel），多年来一直支持我的研究。在我为写这本书的"隐退"期间，纽约部经理麦克·布克林（Mike Bulkin）对我表现出超凡的耐心。没有他们的支持和鼓励，本书不可能完成。

我的同事，慕尼黑的爱德华·克鲁巴西克（Ed Krubasik），纽约的阿特·奇维斯（Art Chivvis）、阿里·汉纳（Ali Hanna）以及华盛顿的比尔·刘易斯（Bill Lewis），一直给我启发。他们对于本书做出了实践性的贡献。爱德华将本书的思想应用到欧洲的电子业和航天业，阿特应用到药物的发现，阿里应用到电信和航空业，比尔·刘易斯应用到石油、化工和金属产业。经济学家和金融业奇才Somu Subramaniam，是我见过的人当中在理解技术变革的经济含义最深刻的人。他受到许多人的帮助和支持，包括亚特兰大的格雷格·萨默（Greg Summe）、多伦多的波林·沃尔什（Pauline Walsh），以及慕尼黑的沃尔夫冈·利特纳（Wolfgang Leitner）。黛安娜·麦凯（Diana Mackie）将我们的想法应用到很多领域包括医疗技术、非耐用消费品以及饮料行业。多年来，汤姆·伍达德（Tom Woodard）一直通过他的想法和案例给我鼓励和支持，这些想法和案例被证明是很管用的。

麦肯锡消费业务方面的负责人汤姆·威尔逊（Tom Wilson），将本书的想法应用到消费领域，这个领域我自己都不太确信本书的想法是否管用；麦肯锡负责电子业务方面的负责人鲍勃·康拉德斯（Bob Conrads）将本书的想法应用于解决高成长产业中存在的问题；汤姆·斯坦纳将本书的一些想法应用于银行业；史蒂文·沃利克应用于制造业和机器人领域。

我要向拉里·林登（Larry Linden）献上一份特别的谢意，他在科学和技术政策办公室以及随后加盟麦肯锡期间都给我提出了非常有价值的意见。拉里近年领导我们和工业研究协会（Industrial Research Institute）——美国最大的企业的研发副总裁们的协会进行合作。

美国的肯·韦斯佳（Ken Weisshaar）和查理·琼斯（Charles Jones）、日本的千草忠亮（Tadaaki Chigusa）、哥本哈根的米基·奥伯迈耶（Mickey Obermayer）、慕尼黑的尤尔根·施拉德（Jurgen Schrader）、米兰的罗杰·阿布拉瓦内尔（Roger Abravanel）、之前在墨西哥现在在达拉斯的乔治·诺西格（George Norsig）、匹兹堡的史蒂文·施瓦兹瓦尔德（Steven Schwarzwaelder），他们都做出了重要贡献。对本书的写作有帮助的还有朱丽恩·菲利普（Julien Phillips）、迪克·卡瓦纳（Dick Cavanagh）、唐·克利福德（Don Clifford）、大前研一（Ken Ohmae）、亨利·斯特拉格（Henry Strage）和鲍勃·奥布洛克（Bob O'Block）。

从我们进行努力开始，一些合作者离开了这一领域。首先是卢斯·克雷格（Russ Craig），现在是波士顿金瑞德（Genrad）公司负责战略规划的副总裁，他当年提供的许多关于S曲线理论的案例都经受住了时间的考验。罗伯特·沃特曼毫无疑问影响了我在组织自我更新方面的思考，我们曾就这个主题进行过多次讨论。罗伯托·布阿隆（Roberto Buaron），现在进入了风险投资的世界，给我带来了关于技术变革和竞争地位方面的洞见。埃迪·米勒（Eddie Miller），开始在伦敦麦肯锡工作，现在在纽约是一个风险投资者，将书中的想法应用到了电子产业。

这份名单不能穷尽我要感激的人，我想感谢我在麦肯锡所有的同事，他们的研究、工作和评论推动着我的思考。

写作这本书的工作，如果没有许多研究的支持是不可能完成的。这方面我要感谢马特·帕尔米里（Matt Palmieri）和盖尔·米勒（Gail Mueller），他们不畏艰难地寻找论据，比如瑞士1750—1800年间表的产量是多少? 当他们发现数据和我的想法不一样时, 他们会像熟练的外交官那样跟我讨论。

在本书的写作中, 我们制作了做内部训练用的录像带。这也推动了我们的思考。蒂姆·林奇(Tim Lynch)写了剧本并把我们蹩脚的写作变成了令人印象深刻的口语。他是我知道的技术管理者中文笔最好的人之一。朱迪·欧文·伯格斯玛(Judy Owen Bergsma)是制片人。她在驾驭纷乱的素材方面做得非常出色。

不用说, 这本书也需要大量的秘书工作。这些工作由我的秘书玛丽琳娜·克里斯托弗(Marilena Christoforou)完成, 按理说, 她并不需要承担如此之多的工作, 但她还承担了其他大量的工作并在一所夜校教书。对付无数的草稿和一次次改写, 她真的是充满了热情。比尔·普赖斯(Bill Price)将我们在麦肯锡形成的最终手稿合在一起并进行编辑, 这一工作量也是巨大的。

感谢我的出版者詹姆斯·H. 西尔伯曼(James H. Silberman)和编辑亚瑟·H. 萨缪尔森(Arthur H. Samuelson), 不仅要感谢他们出色的工作, 还要感谢他们对本书前景的先见之明以及在书稿起草期间的耐心和指导。他们在如何表达自己的想法方面教会了我很多。

为福布斯杂志撰稿达10年, 对时任希尔诺尔顿公司(Hill & Knowlton)的副总裁保罗·吉布森(Paul Gibson), 我要致以特别的谢意。简直难以想象他是怎么把两年前我在马撒葡萄园岛(Martha's Vineyard)上千页的卷一提取成为一份可用的文稿。他工作的努力和坚韧的精神鼓舞我向出版此书迈出了重要的一步。

特别地, 我要感谢我的朋友和启发者, 时任麦肯锡通信部门的副总裁比尔·马塔斯尼(Bill Matassoni)。在这本书成形并具体化的三四年，比尔一直给我很多好建议。更重要的是，在完成这本书的最后环节，需要一份特别的推力时，比尔把他的全部精力投向了《创新：进攻者的优势》，并帮助我完成了这本书的最后一稿。没有他，就没有这本书。

附录1

你在遵循这些基本原则吗

———————

你们公司现行的管理程序和制度能否发现可能出现的技术断层？下面的问题会帮助你对此做出评估。

1. **你是否已经确定了每类产品的关键购买因素？** 理解技术要从理解消费者开始。例如，汽车生产商可能希望自己的轮胎与零售商所销售的更换轮胎有所不同，或者至少是胎面寿命、稳定性和其他因素的组合不同。但是他们奇怪地发现，真正满足这些条件的商品实在太少了。同样重要的是，理解销售因素会怎样演变，以及哪类消费者可能在这种演变中起重要作用。

2. **在购买因素和关键设计变量的关系这个问题上，公司内部是否已经达成共识？** 这需要了解工程师可以在产品或工艺的设计上做哪些改变：复印的速度、发动机的燃料节省率以及纸尿布的柔软性。如果工程师有足够的时间、资金，并且可以从科研部门获取足够的帮助，那他就有能力改变任何事情。但是，理解哪些改变是迅速而廉价的、哪些会持续较长时间并且成本高昂也是必要的。在这个问题上存在惊人的分歧。召开一个技术和市场部门会议，并在此之前，让每个部门分别给你一个答案。通常情况下，他们的答案都会有很大的差别，因为技术部门和营销部门之间很少联系。

3. **关键设计变量的极限是什么？** 换一种说法就是，你们的主要技术中还有多少未开发的潜力？如果没有持续的计划来寻找并发现极限，进而确定极限周围的替代方法，就无法回答这个问题。

4. **你是否已经确定了直接或间接的竞争对手？** 大规模的直接竞争者通常都是很著名的公司。那小公司或目前还没有与你直接竞争的大公司又如何呢？可能它们处在与你邻近的市场上，或者为你的竞争对手提供商品或原材料。例如，刚合并的食品和烟草公司可能会进入饮料行业，消费产品公司可能会进入制药行业。西尔制药公司之前曾经销售纽特糖——最畅销的代糖，之后转型成为制药公司。

5. **你知道竞争对手的生产方法的极限吗？** 不管是直接的还是间接的竞争对手，它们都想向市场提供新产品或不同的生产方法。你的研发部门对这些方法都熟悉吗？对于每种方法的极限，研发部门是否向你提供了自己的观点？这些极限的经济含义是什么？你的竞争对手是否有办法绕过它们的极限？

6. **你们的研发技术进步率是上升了还是下降了？** 很少有公司试图去测量研发技术进步率，但是在证明技术老化的早期指标中，它是最好的指标之一。如果没有这些测量数据，你就会发现公司业绩在上升，同时最近几款新产品的开发成本也提高了。公司业绩的提高除以成本，不管这个比率是上升还是下降，它都会提供很多信息。观察20年间的数据，而不是5年，这是很重要的。在5年时间里，事情看起来总是处于发展状态。

7. **你或你的竞争对手推出新技术后，你知道它带来的经济后果（例如，对价格和利润的影响）吗？** 新技术不仅增加了购买者的选择机会，还会扩大市场规模。不管消费者可以获得多少额外价值，增加的市场规模都会拉低市场价格。回想一下，虽然半导体存储器逐渐提高了芯片的性能，但近期价格还是大幅度下降了。或是想一下药品专利过期，新竞争者进入市场后药品价格的变化。在分配新资本之前预期一下这些变化，可以有效缓解业务发展过快所产生的资金周转问题。

8. **你们公司的哪项业务最容易受到技术攻击？** 如果出现一种全新的技术，哪项业务受到的影响最大（就像真空电子管容易受到固态电子管的攻击），对这个问题进行简单的评估，将有助于设定优先顺序。

9. **如果公司受到威胁，你有遏制威胁的计划吗？** 通常情况下，混乱之后就会出现突袭，而事先筹划就会降低这种可能性。它还会在增加反击效力的同时降低反击成本。

10. **你们的技术、销售和生产部门之间是否有开放而频繁的交流？** 测量这个指标的一个方法是看这些部门之间开会的次数和频率，另一种方法就是审查议事日程。假设销售人员和技术人员的观点存在很大的差别，那可能的情况就是这两组人只是见面、说话，但不进行沟通。在技术进步率和技术产出率的基础上，开发一种共同语言，有助于增强沟通的效果。

11. **首席技术官是CEO的密友吗？** 如果公司想有效地利用技术，很重要的一点就是CEO和首席技术官之间要进行密切的交流。有一个方法，可以测出他们是否基于共同的基础进行交流，那就是看CEO是否认为首席技术官可以成为高级职位的候选人。如果CEO认为他不能成为候选人，那他就可能要被替换掉了，或者要被转移到其他部门去了。

上述这些问题中，如果有多于3个或4个回答"不"，你就需要提高准确定位并处理技术断层的能力了。

/ **附录2** /

评估威胁（绘制S曲线）

如果发现了一个潜在的问题，就更加需要明确它的重要性，以及需要付出多大的努力才能解决它。那样做需要全面彻底地分析S曲线，不仅要分析自己的S曲线，同时还要分析竞争者的。这个问题需要四个步骤。

1. **确定替代方法**。这里的任务是列出选择，而不是进行评价。对于拥有一般技术基础的人而言，确定选择是一个难题。他们更容易看到自己方法的潜在收益和发展前情，但不容易看到其他人的。所以，他们把别人会采用的方法打折扣，下意识地混淆选择的产生和选择的评价。

很矛盾的是，在大多数公司里，有些人对于什么是替代方法有清醒的认识。如果能找到这些人，就很容易确定可选方案。但这些人经常不受重视，或者即使上层注意到并发现他们，也不会听从他们的意见。美国公司在日本有很多技术监测部门，但恐怕当他们向总部报告新的发展情况时，很少有公司会听取他们的意见。

2. **确定性能参数**。接下来的任务就是为每组产品的使用者确定性能参数。就像我们在第三章讨论的那样，每组消费者都会有不同的需求集合，因此，就会产生不同的性能参数。同时，还必须把性能参数与每一项特殊技术的关键设计因素联系起来。所有这些任务都很耗时，并且很复杂。最好的办法就是选择一些关键领域，并集中精力处理它们，而不是尝试解决所有问题。

性能参数会随着时间而改变，能否意识到这一点很重要。分析过去和现在的性能参数，是准确确定将来性能参数的关键。而有效的分析方法，就是考查过去性能参数变化的速度。速度是快还是慢？性能参数变化得是多还是少？这些性能参数为什么改变了？是因为市场需求变了，还是竞争变了？

有了这些估计，就可以预期未来的性能参数。消费者需求或市场竞争格局会有变化吗？影响将来性能参数的因素（例如法律）会随哪些事情而发生变化？这些变化会在什么时候发生？变化的速度会比以前快还是慢？

3. **计算极限**。你需要为每一项性能参数计算极限，也就是说需要计算每一项技术的性能参数。做这件事的最好方法，就是让带有相关背景的技术工作人员与最好的极限主义者进行接触，共同讨论可能会限制技术性能的原理。是热力学、材料力学、化学、运动定律、一些基本的物理力量，还是这些理论的一些组合？这种讨论会进行得很慢，但是要解决问题，时间是必需的。这样，就可以厘清很多问题，以前想不明白的问题现在都得以解决。有时，技术人员发现，与直接考虑最终的极限相比，确定现在的极限并考虑怎样避免它们要更容易一些。如果他们喜欢这样做，那也不错。

一旦确定了极限，就可以估计极限的具体数值了。因为这需要理解极限规律和科学定律，所以，科技人员是完成这项任务的最佳人选。通过比较目前的发展水平和极限，可以测定技术的剩余潜力。然后比较技术潜力和业务其他方面的剩余潜力——至少是概念上的比较，由此确定技术对整体战略的重要性。另外，还应该比较每项替代技术的潜力。

知道技术的最终极限是一回事，但是缩小现在的发展水平和极限之间的距离完全是另外一回事。要缩小距离，需要同时知道怎样做以及应当从哪儿做起。毫无疑问，为了完成这个任务，必须通过试验寻找丢失的信息，比较不同方法的极限。这样，就可以知道技术发展可能带来的后果，并估计它的成本、风险和收益，选择最好的一个或一些方法。

这通常也是在极限周围寻找替代方法的阶段。在这个阶段，需要让最好的"极限突破者"参与进来。一旦他们遇到一个明确的问题——一个确定的极限——就有可能找到绕过极限的替代方法。这常常需要长时间"浸泡"在这个问题里。的确，很多最杰出的想法可能都是在狂风骤雨中产生的。然而，它在什么地方产生并不重要，重要的是能够完成避免极限的任务。

4. 绘制S曲线。一旦知道了性能参数和它们的极限，绘制S曲线就是一个相当简单的过程。第一步，再现过去；第二步，画出极限；第三步，预测将来。

（1）**历史分析**。第一步，重构产品引入的历史。S曲线上的点就是每一个新产品的性能和对应的开发成本的数据。对于过去5年或10年中（取决于变化的速度）引进的每一种新产品，都要收集产品性能的数据——性能轴上的数值。同时还要收集或估计为开发这种新产品投入的技术努力。这种努力通常用"人力—年数"来表示。另外，还需要知道产品开发启动和完成的时间。同时还要确定努力中需要的支出。如果你对努力支出的计算，包括开始的营销成本、第一代样品成本、开始的样本数量或其他开支，但只要以统一的方式处理，就不会产生实质的影响。

（2）**绘制极限**。第二步就是用衡量产品性能的术语来描述性能极限，并画出数据点，做出穿越曲线图顶部的水平线。这样就确定了S曲线的顶部。

（3）**预测未来**。第三步是利用过去的性能预测将来的曲线形状。预测有两种方法，最简单的方法就是，在曲线底部做顶部图像的对称图像，并用直线连接这两个图像的断点。这种方法又快又简便，但这种方法绘制出的S曲线只能提供最少的信息。

第二种方法更数学化一些。就像你的数学家朋友告诉你的那样，S曲线是一个"逻辑"或"成长"曲线模型。如果你知道曲线上的任何三个点，就可以推算出其他点。实际上有一种计算机软件可以完成推算过程，你完全可以利用计算机做这部分工作。你需要的三个数据点是两次历史产品引入、极限，并估计达到极限需要付出的努力。对所需努力进行估计，确实有些大胆，如果你对此而感到不妥，可以由技术人员来估计。这种绘制S曲线的方法难度较大，但是它能提供更多的信息，因为对于这种S曲线，你可以考虑它的斜率，并讨论怎样更好地管理公司，以增大S曲线的斜率。

还有一种更复杂的方法，这种方法的基础是帕特南（Putnam）方程[①]。但是使用这种方法需要付出大量的时间和精力，所以，这样做就不值得了。

通常到了这个阶段，人们就想知道我们是不是真的应该去画S曲线。答案是"有时是的"。在理解发生了什么，以及检查技术方案的

[①] 该方程为：预测成本 $= \dfrac{(\text{预测的性能})^a}{(\text{效率}) \times (\text{时间})^b}$ 。其中a和b是每一个开发实验室的特定常数。

合理性方面，S曲线是很有用的。但是构建S曲线很耗费时间，并且也只有在一定情况下才需要构建S曲线，那就是如果公司内部在技术路线的选择上存在很大的分歧，就需要构建S曲线。在这种情况下，答案的价值可能会比搜集信息的成本高。我们并不建议把绘制S曲线作为年度计划的一部分，否则，整个过程会因成本过高而无法持续。

S曲线有助于交流，但是作为一个普通的提议，我认为不需要在任何情况下都绘S曲线，更重要的是相信它们存在，并具有检验那种信念的能力。通常情况下，S曲线最有价值的部分是它的极限，也就是"技术进步率"（或曲线斜率）和它的变化率。即使不是每次都画出S曲线，也可以估计这些变量。

限定技术通常很困难。我曾经说过，在1968年，尼龙线状轮胎技术达到了极限。但是从那时起，科学家又推出了子午线型尼龙轮胎，那种产品没有疵点，所以性能又一次提高了。在1968年的时候，人们还不知道有这种形式的尼龙，甚至从来没有过这种概念，所以，也无法估计它的价值。随后，生产商转用聚酯制造轮胎，并且持续了15年，但这并不是说，新形式的尼龙不会重新占有市场份额。

记住，毕竟性能参数是为特定的市场所下的定义，一项新技术可能会改变这种定义本身。例如，当家庭电脑变得越来越流行时，就会改变银行划分客户的方式。银行认为，使用家庭电脑的客户与到银行进行预约的客户之间存在差异。

附录3

测定攻击的时间（产量分析）

如果通过分析S曲线发现一种特定的威胁，那就有必要明确其攻击出现的时间。生产者通过发展技术所获得的经济收益就是产出率，它是市场规模和产品存活期的函数。如果已知市场规模和增长率，估计产出率的关键就在于确定产品在市场上的存活期。因此，如下的定时分析就是估计产出率的关键因素。

1. 形成替代产品（或过程）的概念。 在理解极限和性能参数的基础上，我们需要在定时分析中迈出创造性的一步。定时分析就是概念化与自己竞争的产品。在这个过程中，会比在任何其他地方都更容易犯错。如果我们不知道哪种产品可以与另一种产品进行竞争，就永远也无法正确地知道这些产品的成本、对消费者的价值和经济学上的利润。此外，也很难估计各种不同的方法在什么时候会具有竞争力。

概念化这种竞争性的产品（或过程）并不容易。如果一个人做了很全面的研究，如果销售部门和技术部门已经搜集了相关信息，就需要考虑很多的替代选择。每一个选择都有可能是其他选择的变体。于是，就需要从这组可选方案中挑出最简单的方案，并把它作为基础，其他的方案按复杂性从低到高排序。

我们发现在这个时候，这种方法在提出"假想"产品（或过程）

上很有用。"假想"是一种感觉，也就是你永远也不会认真考虑从细节上设计这些产品，或试着把它们引入市场。然而，它们却可以帮助你确定可能的范围。它们帮助我们估计现在的技术还能持续多长时间，以及到新技术变得经济上可行的最短时间。另外，它们还有助于我们估计最高价格和最大利润。甚至这种假想产品可以提供一种指导，帮助我们估计疯狂的防守者可能制定的最低价格以及对利润产生的影响，或者估计产品转换持续的时间以及转换开始和结束的时间。利用假想产品，可以得到所有这些估计值。利用假想产品还可以进行产品的比较，例如，比较那些性能与现有产品完全相同，但成本不同的产品，或者比较那些成本与现在产品相同，但功能不同的产品。在未来的每一年，或任何一年，都要仔细考虑所有产品间的比较，以理解随时间而变化的经济学和竞争。

为了进行这些分析，我们需要理解感觉上的经济成本——消费者和竞争者感受到的成本。我们谈论的不是财务成本，因为赋税和股息分红都会增加财务成本，我们谈论的是关键成本。管理人员利用这些成本决定什么时候推出新产品、什么时候建造一座新工厂以及什么时候关闭一个旧工厂。这些"感觉上的经济成本"必须包括全部成本，我指的是机会成本、进入和存活成本、转移成本（消费者或供应商转换技术时所产生的成本）、垂直合并成本和任何其他由政府决策和社会习惯所产生的成本。我们需要理解所有的这一切，或者至少对此有一个真正的了解。

2．估计收益率。一旦已经知道竞争性产品可能是什么，并确定了它们的背景经济学，就可以估计研发投资所产生的收益了。那意味着我们需要彻底考虑技术进步率（技术进步除以成本）和产出率（进步技术产生的利润）。技术进步率分析的关键在于，假定已知过去的进步是什么，并且知道为了达到技术极限而付出的努力，在此基础上对S曲线进行认真的考查。因为构建知识、确定和攻击目标、计算机支持和交流都会影响到这些结果，所以，还需要认真考虑这些影响因素。

需求和供给水平、产品对消费者的价值、产业结构和所有竞争者的战略集合都会影响产出率，在此记住这点是很重要的。即使某种产品可能会给消费者带来许多价值，也不能保证这些价值会增加生产商的利润。如果这个行业内部竞争者过多（就像如今很多高科技产业），任何生产商，不管它们是创新者还是市场领袖，都不可能取得足够的收益。

同时给定这两种分析和附录2中描述的S曲线，就可以估计竞争技术出现的时间。我们发现，在S曲线图上画出防守产品和进攻产品的成本，这种方法最有用。S曲线的竖直坐标轴代表成本，水平轴代表时间。

第一步是画出防守产品在未来（例如5~10年）内可变制造成本的估计值。工程人员是提供这些估计值的最佳人选。

第二步是画出整个期间内的全部成本（可变成本加上折旧、利息和收益就是资本）。假设随着时间的推移，产品价格会接近总成本（一种较好的估计结果），这两种数据点之间的差异，就是防守产品在没有受到新产品威胁时的边际贡献率。

第三步就是画出进攻产品的总成本和可变成本。这一步需要加入上面描述的"假想"产品。这条曲线会穿过总成本曲线和可变成本曲线，产生四个交点，每一个交点都有其独特的重要性（图26）。

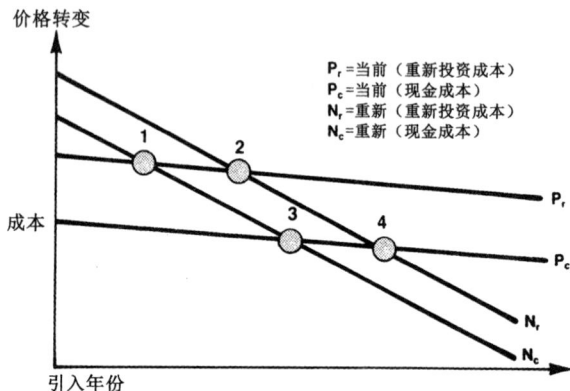

图26　过渡经济学

进攻产品和防守产品的完全成本和可变成本图。四个交点描述了过度的基本时间选择：什么时候过渡开始，以及过渡期会持续多久。

1. 交点1。防守者开始遭遇挑战。此时，进攻产品的可变成本等于防守产品的总成本。

2. 交点2。防守者预期到进攻即将开始。此时，进攻产品的总成本等于防守产品的总成本。

3. 交点3。最先预期进攻结束的时点。此时进攻产品的可变成本等于防守产品的可变成本。

4. 交点4。最终预期进攻结束的时点。此时进攻产品的总成本等于防守产品的可变成本。

这四个点基本描述出了过渡期开始的时间和持续的时长。

它们还提供了一个估计价格的框架。转型开始之前，价格将倾向随着防守产品的总成本变化。转型开始之后，除非市场需求增加，否则价格就开始随着进攻产品的总成本变化，因为进攻产品的成本更低。如果市场需求增加，那么在转型结束之前，价格会降到等于防守产品的可变成本。如果还有额外的市场容量，价格还会下降，一直降到与进攻产品的可变成本相等。如果在那个点上不存在额外的市场需求，价格会倾向于与进攻技术的总成本持平。有了这些对价格的观点和对成本的认识，就可以计算利润率了。如果和产商拥有相互竞争的技术，当它们的总收益都相等的时候，离第七章所描述的市场崩溃就不远了。转型就会结束，产出率变为零。

应用定时分析，公司可以以积极的态度带入市场，建立自信。但是也有可能他们看起来很严谨，而实际上却是错误的。出现这种情况，不是因为计算错误，而是因为我们任何人在预测消费者或竞争的时候都会犯错。然而，犯错的可能性不应该成为他们拒绝这种分析的理由。所有的分析都具有这种缺点。很少的科学是精确的，经济学也不是一门精确的科学。然而，进行试验是值得的，因为这样做会帮助我们发现问题。

图书在版编目（CIP）数据

创新 : 进攻者的优势 /（美）理查德·福斯特著；
孙玉杰, 王宇锋, 韩丽华译. — 修订本. — 北京 : 北
京联合出版公司, 2017.9

ISBN 978-7-5596-0467-5

Ⅰ.①创… Ⅱ.①理… ②孙… ③王… ④韩… Ⅲ.
①企业创新 Ⅳ.①F273.1

中国版本图书馆CIP数据核字（2017）第122104号

创新：进攻者的优势

作　　者：（美）理查德·福斯特
译　　者：孙玉杰　王宇锋　韩丽华
责任编辑：夏应鹏　崔保华
封面设计：赵　云
版式设计：刘珍珍

北京联合出版公司出版
（北京市西城区德外大街83号楼9层　100088）
北京联合天畅发行公司发行
北京新华印刷有限公司印刷　新华书店经销
字数180千字　880毫米×1230毫米　1/32　8.75印张
2017年9月第1版　2017年9月第1次印刷
ISBN 978-7-5596-0467-5
定价：49.00元
